はじめに

今年、平成二十二年（二〇一〇）から数えて一五〇年前の万延《まんえん》元年（一八六〇）旧暦三月三日（新暦3／24）に、所謂「桜田門外の変」が起こった。

詳しく言えば、旧暦三月十八日（新暦4／8）に、安政七年から万延元年へと改元されており、旧暦三月三日は安政七年に当るが、便宜的に、おおむね改元年の正月まで遡って新年号を使用しているので、本書でも年号は「万延元年（一八六〇）」に統一し、月日は旧暦のまゝで記すことにしたい。

その桜田門外の変に加わった十八烈士《れっし》（彼らは脱藩浪士であるが、筆者は敢えて烈士と記す）の一人に、水戸藩の下士蓮田《はすだ》一五郎正実《まさざね》という若者がいた。彼は、翌文久元年七月二十六日に、数え年二十九歳の若さで処刑された。

蓮田一五郎、諱《いみな》は正実、幼名仙之介《せんのすけ》、一五郎は通称である。一般通用の書物等では、「市五郎」と書かれているものが多いが、「遺書」の署名や墓碑銘（茨城県水戸市、常磐共有墓地）から、正しくは「一五郎」であったと思われる。ただし彼自身も「市五郎」と書くことがあったらしい。

本書は、『桜田門外の変と蓮田一五郎』と題し、「水戸の人物シリーズ8」に組み入れることにした。筆者は、嘗て「水戸の人物シリーズ1」として『桜田烈士「蓮田一五郎」』（昭和58年9月、水戸史学会刊）を発行したが、同書中の蓮田一五郎の生涯に関する部分は元の分を活かしつゝ、更に、「安政の大獄」から「桜田門外の変」に至る複雑な経緯《いきさつ》については、新たな構想のもとに全面的に改稿し、それを本書の前半に加えることにした。

所謂「桜田義挙」に直接参加した十八烈士。いずれも有為有能な人材。大半が二十代から三十代の若者で、大いに将来の活躍が期待される人物達であった。

その中で何故、「蓮田一五郎」という人物を取り上げたのかは、本書を繙《ひもと》いて下されば、追い追い感じとっていただけることと思うが、彼の短い生涯の生育歴、母姉宛の「遺書」、事変関係の「手記」や「桜田事変図」などから、筆者自身が得た深い感銘と多くの啓発とを、できる限り多くの読者諸子に伝えたいと念願したことが、一つの大きな理由である。

従って本書は、平易に、分かり易くを目標に、考証的なことは必要最小限にとどめ、引用文なども書き下し文や現代語訳に改めて、平易な文章となるよう心がけた。

出典や参考史料名の一部は、本文中にも（　）書等で註記したが、多くは巻末にまとめて提示している。

一　「桜田門外の変」への経緯（その一）

(1)　通商条約締結問題と将軍継嗣問題

【通商条約締結問題】

幕府開設以来約二百年、十九世紀半ばになると、政治・経済など諸方面にわたり、深刻な問題を抱えてその衰退の度を強めて行き、老中水野忠邦の天保《てんぽう》の改革も失敗に終わった。

そのあとをうけて阿部正弘が老中となったが、間もなく弘化元年（一八四四）頃から、欧米の艦船が琉球・長崎・浦賀に入港し、外交問題は風雲急をつげる情況を迎えつゝあった。

そして遂に嘉永六年（一八五三）六月には、米使ペリーが黒船四隻を率いて浦賀へ来航し、わが国は、武力的威嚇《いかく》を背景とした開港要求を受けるに至った。

事の重大さと、その処置に困惑した幕府の阿部老中は、前例を破って、諸大名に意見を徴したが、適切な対応策も整わないうちに、翌安政元年正月にペリーが再来して開港要求の回答を迫ったため、やむを得ず日米和親条約を締結した。

和親条約を結んだ幕府は、これは国防充実までの一時の権道《けんどう》（一時的な仮の手段）である、と天下に釈明し、諸種の対応策や改革を実施した。

しかし、欧米列強は通商規程を欠いた和親条約に不満で、殊に安政三年（一八五六）七月に着任し、伊豆下田に領事館を置いた米国駐日総領事ハリスは、通商条約の締結を強く主張した。

彼は、英仏連合軍がアロー号事件に乗じて清国を破った例をひき、日本の安全の為にアメリカとの条約を早く締結すべきであると、幕府担当者に強力に迫った。

ところが、このような切迫した情況に立ち至っても、幕府は祖法を守ることと現実の世界情勢の変化との間に板ばさみとなって、的確な外交方針を確立することができなかった。

開国進取でもなければ、積極攘夷でもない。ただ祖法としての所謂鎖国が自然に維持されるのをたのみ、幕政批判や献策は、大方、これを不遜《ふそん》なりとして処罰するというやり方であった。

この間、安政四年六月には老中阿部正弘が歿して、幕府の実権は老中堀田正睦《ほったまさよし》に移っており、これまで比較的円満であった朝幕関係や有力大名との結節点に、大きな亀裂が生じつゝあった。

また、国内世論も攘夷か開国かをめぐって議論が沸騰しており、殊に同年十月にハリスが強引に十三代将軍家定との謁見を要求し、これを実現させるに至って攘夷派はますます激昂《げっこう》した。

こうした情勢の中でハリスの要求に応じた幕府は、翌安政五年(一八五八)正月に通商条約の議定を行い、二月には、堀田老中が上京して、条約の勅許を朝廷に願い出ることになった。

その頃になると、開国論についても攘夷論についても、より具体的な意見・方策が各方面から出されるようになってきていた。

例えば、開国論においては、尊攘論を基盤としながらも、むしろ開国進取・富国強兵を実現して、国威を発揚し、海外に雄飛すべきであるという、佐久間象山《しょうざん》・吉田松陰・橋本景岳《けいがく》(左内)らの主張も盛んになりつゝ、あった。

一方、攘夷論についてもかなりの変化が現れてきていた。

それは水戸の烈公《れっこう》＝前藩主徳川斉昭《なりあき》の対外論である。彼は早くから海防の充実を主張し、攘夷論の宗家の如く天下の期待を集め、ペリー来航後は、海防参与となって幕政に参画した。

だが、烈公の幕政進出を喜ばない幕閣の多くは、祖法墨守を立て前として彼の改革意見に反対し、加えて最も烈公を支持していた阿部老中が、前述のように安政四年六月に歿するに及んで、烈公は全く幕府から無視され、やがては敵視される状態にまでなった。

しかしそうした中でも烈公は、日本という国家の将来を憂慮し幕府への献策をやめなかった。

一般に、水戸の烈公は鎖国政策の信奉者で、固陋《ころう》な攘夷論者のように言われているが、それは外国の武力的威嚇《いかく》に屈し、幕府の一時的な糊塗策《ことさく》によって開国し通商を開始した場合、日本の将来がいかに危険な状態になるかを洞察し、憂慮しての攘夷論であった。

従って、安政五年正月に通商条約の議定がなされ、堀田老中が上京して条約勅許を朝廷に奏請する頃になると、烈公の考えにも変化がみられ、まずは、険悪になりつゝある朝幕関係を、いかに円満に導いて行くか。対外的策論についても現実を直視し、攘夷・鎖国墨守の施策よりも、どのようにして国家の対外的自主独立を確立するか、という点に集中するようになった。

そのような対外的自主独立の方策として、烈公が幕府に献策したものが「出交易論《でこうえきろん》」である。それは、彼自らが欧米に渡航して、通商条約締結の要求をしりぞけ、逆に日本側から積極的な出交易を実現し、屈辱的な内地交易に代えようという大策論であった。

この烈公の欧米渡航論、出交易論は、すでにペリーの第一回来航後の嘉永六年(一八五三)八月に始まり、安政元年(一八五四)正月、二年八月、そして四年十一月と、前後四回にわたって繰り返し献策がなされており、家臣の藤田東湖にも、渡航の準備を命じているほどであった。

しかし烈公の献策は、堀田老中達によって握りつぶされてしまい、烈公自身も、これまで攘夷論を主張して来たいきさつや、不利な情況もあって、欧米渡航や出交易論を天下に公表することができなかった。

【将軍継嗣問題】

一方、幕府はまた将軍継嗣問題で揺れていた。

当時の十三代将軍家定の体質や性格については、兎角の噂があった上に、世子時代に娶った二人の妻も、それぞれ数年または一年で他界して子女に恵まれなかった。

将軍就任後の安政三年十二月には、薩摩藩主島津斉彬《なりあきら》の養女篤姫《あつひめ》（敬子《すみこ》、支族島津忠剛《ただたけ》の女。近衛忠煕《ただひろ》養女、のちの天璋院《てんしょういん》）を御台所に迎えたが、世子の誕生は、これ又期待できなかった。

当代の将軍の体質・性格が問題視され、その上、後継者男子が授かる見通しも覚束ない。となれば、内外情勢が逼迫《ひっぱく》しつゝある情況下で、有識者の間に話題となり、政策上の重要案件として俎上《そじょう》に上がってくるのは、次期十四代将軍の候補者問題、つまり将軍継嗣問題であろう。

その候補者選定の重要さを早くから認識し、行動を開始したのは越前福井藩主松平春嶽《しゅんがく》（慶《よし》永《なが》）と薩摩藩主島津斉彬等の有力大名達であった。

候補対象人物は、水戸烈公の七男で御三卿《ごさんきょう》一橋家の養子となっていた七郎麻呂。即ち一橋慶喜《よしのぶ》(一八三七〜一九一三)という英明の誉れ高い青年であった。

これらの運動を進める人々は、いつしか「一橋派《ひとつばしは》」と呼ばれるようになった。

このような一橋派の動きに対し、ほゞ同じ頃に、将軍家定の従兄弟である紀伊藩主の徳川慶福《よしとみ》(一八四六〜六六)を継嗣候補として擁立しようという運動が開始された。

紀伊藩付家老水野忠央《ただなか》と、その姻戚関係にある幕府徒頭《かちがしら》薬師寺元真《やくしじもとざね》らが主力で、それに強力な支持を与えることになったのが、溜間詰《たまりのまづめ》譜代の彦根藩主井伊直弼《いいなおすけ》であった。

これが「南紀派《なんきは》」と称される勢力である。

直弼らは、血統の近きを第一とする原則論に立ち、しかも一橋慶喜が将軍継嗣となった場合、それを推す外様の雄藩大名や、慶喜の実父烈公の勢力が江戸城内に入り込み、幕政を左右するようになることを極度に恐れ、幼少の徳川慶福を継嗣候補として強力に支持したのであった。

さて、こうした攘夷・開国、将軍継嗣問題等々が複雑に入り乱れる中、老中堀田正睦は安政五年二月五日に上洛し、九日に宮中に参内して、条約勅許を奏請した。

それは「通商条約の調印はやむを得ないとしても、朝廷の勅許は得るべきである」という大方の大名達の意見に従ったもので、堀田自身も簡単に勅許は得られるであろうと見込んでいた。

ところが、当時朝廷の意向は攘夷の方向に強く傾いており、加えて将軍継嗣問題がからみあっていた為、結局、通商条約に関する勅許は得ることができず、将軍継嗣問題も未解決ということで、堀田老中は空しく江戸に帰ってきた。幕府は、非常な窮地に追い込まれたのであった。

その同じ頃、突然、表出してきたのが、「水戸隠謀説《いんぼうせつ》」と称されるものである。

(2)「水戸隠謀説」の捏造・訛伝

安政五年二月十六日付け、井伊家側役《そばやく》宇津木《うつぎ》六之丞《ろくのじょう》景福《かげとみ》宛、長野主膳《しゅぜん》義言《よしとき》の書簡を見ると、

「(水戸老公が主張される)打払に至らずてハ天下治り申さずとの事ハ、実に天下の為思召《おぼしめし》ての事にも御座無く、全く一橋殿を西城《せいじょう》へ御定成《おさだめな》されたき下心にて、……」

「ケ程《かほど》之御隠謀有事《あること》とハ存外《ぞんがい》之事共にて……」

(『水戸藩史料』『井伊家秘書集録』)

――水戸の老公斉昭が「朝廷に於て打ち払いと決定して頂けないと、天下は治まらない」と言っているのは、実は天下の為を思ってのことではなく、一橋慶喜を江戸城西の丸に入れる、つまり、次期将軍にしたいという下心であり「隠謀」である。

　水戸の老公斉昭に、これほどの「隠謀」があろうとは思ってもみなかったことである。

という内容であり、その隠謀説の根拠とされたのが「水府侯上書《すいふこうじょうしょ》」(『幕末風聞探索書』)/「安政五年四月朔日・京都風聞」に記載の「安政四年、水戸斉昭より関白への上書写取」)と称されるもので

ある。その「水府侯上書」なるものは、実は「捏造《ねつぞう》」（事実のように拵《こしら》える）され、「訛伝《かでん》」（間違った言い伝え）されたものであって、烈公とは無関係の文書であった。

実際には、水戸の史臣豊田天功《てんこう》の長男小太郎靖《やすし》が、安政四年六月に、『大日本史』志類《しるい》（天文・音楽）の史料取調べを命ぜられて、上京したことに関わってくるのである。

『水戸藩史料』（巻十七）の解説によれば、若い豊田小太郎の上京に際して、烈公は、当時の京都の情勢を考慮し、嫌疑を受けるような言動を慎むように、との訓諭を与えていたという。

ところが、安政四年の夏頃の時期は、通商条約締結問題や将軍継嗣問題などの議論が沸騰しつゝあり、多数の諸藩士や浪人達が京都に集結するようになり、国事の舞台が、江戸から京都に移ってきた観があった。

熱く燃えるような雰囲気の京都に足を踏み入れた若き小太郎は、義憤押さえ難き心情にかられたのであろう。

「年少気鋭《きえい》抑ふること能はず、在京中感ずる所ありて慨然《がいぜん》書を作り」（『水戸藩史料』巻17）秘かに青蓮院宮《しょうれんいんのみや》の侍読《じとう》であった儒者池内大学（陶所《とうしょ》）を通じて青蓮院宮尊融《そんゆう》親王に上呈した（一説、三条実万《さねつむ》へ）という。原本は和文と漢文の二編が存在したらしい。

豊田小太郎は、上書のことは秘密にしていたが、何時しか噂が水戸藩にも漏れ伝わり、同年十月に江戸に帰府した小太郎に対し、烈公は侍臣に申し付け問い質《ただ》したが、深く黙して語らなかった。しかし隠しきれずに、小太郎は草稿を烈公に呈覧したという。そこで烈公は、その包み紙に上呈書の顚末《てんまつ》を自ら朱書して、世の誤解が生ぜぬように気を遣い、小太郎には謹慎を命じた。

しかし当該上書は、いつしか世上に伝播流布して、遂には、

「水戸の内奏《ないそう》と称せられ、戊午《ぼご》の春に及んで益《ますます》流布したるなり」（『水戸藩史料』巻17）

ということになってしまった。

そして殊に、水戸を忌み嫌う者達は、右の内奏書を利用し、附会の怪説を捏造して「水戸隠謀説」を訛伝したため、水戸烈公の立場は、益々厳しいものとなっていった。

一方、老中堀田正睦は四月二十日に江戸に帰着した。通商条約の勅許も得られず、将軍継嗣問題も未解決のまゝという、窮地に追い込まれた情況での帰府であった。

二十二日午後、幕府徒頭薬師寺元真が突然、永田町の彦根藩邸を訪れて、井伊直弼と密談し、元真が水戸の烈公について直弼に語ったことを、直弼から聞いたという側役宇津木景福の記録によると、

「水府老公隠謀之れ有り、当将軍様ヲ押込《おしこめ》、一ツ橋様ヲ立、御自身御権威御振ヒ成さるべき御隠謀之れ有り」（宇津木景福編『公用方秘録』、『水戸藩史料／巻18』、一部漢文）

ということで、元真からの情報を得た直弼は、翌四月二十三日に将軍家定から大老職就任の上意を承けて大老職に就き、強権発動の大権を得たのであった。

そして六月十九日、井伊大老は、朝廷の勅許を得ずに日米修好通商条約の調印に踏み切った。

これに憤激した水戸烈公・慶篤《よしあつ》父子、尾張慶恕《よしくみ》らが、六月二十四日に江戸城に不時登城《ふじとじょう》（決められた登城日以外の日に登城すること）し、大老に対して、条約の違勅調印を抗議面責《めんせき》した。

しかし大老は巧みに追求の鋒先をかわすとともに、翌二十五日に紀伊慶福（13歳）を継嗣とする旨発表した。のちの十四代将軍徳川家茂《いえもち》である。

さらに、七月五日には突然、烈公に急度慎《きっとつつしみ》。尾張徳川慶恕と福井松平慶永に隠居・急度慎を命ずるという厳しい処分を行うに至った。

殊に烈公の「急度慎」は単なる謹慎ではなく、廃屋同然の水戸藩駒込邸に、牢囚に等しい扱いをもって閉じこめられた。

しかも水戸藩主慶篤の登城が停止され、水戸支藩の高松・守山・常陸府中の三藩主（三連枝《れんし》）が、宗家水戸藩の藩政に参与し、藩邸内の動きを監視するという内政干渉的な幕命が出された。

加えて、八月一日には、烈公を紀伊藩邸に幽閉しようとしている、との噂が流れたため、水戸藩士達は激昂《げきこう》した。そうした情況下で、一橋派・反井伊派の志士達の中には、朝廷・公卿の伝統的権威に期待をかけ、秘かに天皇の勅諚《ちょくじょう》降下の実現をはかって活動する者達もいた。

(3) 水戸藩への勅諚(安政戊午の密勅)降下問題

安政五年の六・七月頃、西郷隆盛や日下部伊三治《くさかべいそうじ》(伊三次の表記が多いが、伊三治が正しい)ら京都に集まった志士達が待ち望んだのは、薩摩藩主の島津斉彬の上洛であり、斉彬による尊攘派の結集と勢力の挽回ということであった。

ところが、鹿児島からの上洛を目前にした七月十六日に斉彬は急逝した。その悲報が京都に着いたのは七月二十四日のことで、死因は「コロリ(コレラ)」ではないかと言われている。

日下部伊三治は、その頃から幕府及び水戸藩に対しても、勅諚(勅書)の下賜実現を考えるようになったと伝えられる。(鈴木大『賜勅始末』/明治12年刊)

日下部の同志達、梁川星巌《やながわせいがん》・梅田雲浜《うんぴん》・頼三樹三郎《らいみきさぶろう》らも盛んに宮家や公卿に入説を続けた。

一方、朝廷においても重大な動きがみられた。

つまり、朝廷からの「三家若しくは大老の内、速に上京すべし」の召命にも、井伊大老が応じないばかりか、羽翼とも頼むべき水戸烈公や尾張慶恕達が、処罰され抑圧される情況のもとで、孝明天皇はついに八月五日、譲位の宸翰《しんかん》を関白九条尚忠《ひさただ》に下される至った。

天皇は、国家万民のために関東へ申し遣わしたことが、一事もその実現を見ないということは朕《ちん》の「薄徳《はくとく》之故《ゆえ》」であるから、譲位の意志と幕府詰問の二事を江戸へ通達せよ、と命ぜられた。

この御譲位の御心に恐懼《きょうく》した公卿達は、八月七日の深夜に、左・右大臣、内大臣・前内大臣、武家伝奏《でんそう》ら（井伊方に与同《よどう》の九条尚忠は欠席）が集まって朝議を行った結果、御譲位の叡慮を翻意《ほんい》して頂く手立てとして、水戸藩に勅諚を降下することが決定され、孝明天皇は御譲位を撤回されることになった。（『孝明天皇紀』第三）

実は、その数日前のこと。薩摩の西郷隆盛による一つの重要な動きが秘かになされていた。

その辺のいきさつを『大西郷正伝／第一巻』（昭和十四年刊）の記事によって紹介しよう。

それは、日下部伊三治（右書では伊三次）が、在京の鵜飼《うかい》吉左衛門と相談して、水戸への勅書降下を願おうとしていることを知った西郷は、「その趣旨は悪くないと思った」が、日下部だけに任せては、大事を誤る恐れがあると考えて、親しかった清水寺の僧月照《げっしょう》を訪ねて、「若し朝廷に勅書降下の御下心があらる、ならば、不肖《ふしょう》先んじて内勅を水戸に伝へておきたい」と申し出た。

これを聞いた月照が、近衛家の老女村岡（津崎矩子《つざきのりこ》）に相談したところ、近衛忠熙や三条実万に話が通じて、「大封書《だいふうしょ》」（内勅？）なるものを渡され、「取りあへず急ぎ出立して、水戸の様子を探ってもらひたい」という指示をうけた。

そこで西郷は八月二日に京都を発ち、駕籠を乗り継ぎ乗り継いで、道中四日半という急行で、八月七日に江戸に到着した。

孝明天皇が御譲位の宸翰を発せられたのは、西郷の旅の途中、八月五日のことであった。

江戸到着後、直ちに西郷は小石川水戸藩邸に家老安島帯刀《あじまたてわき》を訪ね、

「実は、密勅降下の聖慮があるが、受けられるかどうか」

とたずねたところ、安島は、

「水戸の現状では幕府の圧迫が甚だしくて、仮《も》し密勅を受けた所で、思い切った活動に取りかかることができない。ことに近頃は重臣の間で意見の一致を缺《か》いで居て、何一つ纏《まと》まりがつかない。

自分一個の考としては、密勅を奉じたいとは望むもの、、現《いま》の形勢では折角の内勅を無意味に終らしむるようなことがありはせぬかと心配する」

（意訳、『大西郷正伝』第一巻）

と答えたという。

これを聞いた西郷は、携えていた「大封書」を安島に渡すのを差し控え、そのまゝ水戸邸を引き上げ、江戸在府中の薩摩藩士有村俊斎《しゅんさい》（のちの海江田信義《かえだのぶよし》）に託して、月照から近衛家へと返納させ、同時に、勅諚の発令降下を止めようと、八月十一日に急ぎ京都へ向かわせた。

しかし有村が京都に到着した時には、すでに勅諚は降下された後であった。

西郷が江戸に到着したのは八月七日。

京都では、その夜の会合で水戸藩への勅諚降下のことが決定され、翌八月八日早朝、武家伝奏万里小路正房《までのこうじまさふさ》が、水戸藩の京都留守居役鵜飼吉左衛門を自邸に召し出して、「勅諚」と「副書（別勅）」を授け、江戸の水戸藩邸への伝達を命じた。

吉左衛門は子息鵜飼幸吉《こうきち》にその「勅諚」「副書」を託し、直ちに東海道を江戸へ向かわせた。

日下部伊三治も三条実万《さねつむ》から写しを受領。木曽路を江戸へ──→土佐藩主山内豊信《とよしげ》へ伝達？

八月十六日深夜、幸吉は小石川藩邸に到着し、翌十七日、藩主慶篤が「勅諚」等を拝受した。

「勅諚」には、

(1) 通商条約の無断調印は不審である。

(2) 水戸・尾張両家を「慎《つつみ》」に処した罪状が不明である。

(3) 大老・閣老・三家・三卿・家門・列藩・外様・譜代とも一同群議評定し、国内治平・公武合体し、徳川家を扶助して内を整え、外夷の侮《あなど》りを受けぬようにせよ。

との内容が記されていた。そして水戸藩への「副書」には、

「同列の方々、三卿・家門の衆以上、隠居に至まで、列藩一同に御趣意を伝達せよ」

という文面が認められていた。尚、幕府への「勅諚」は二日遅れの八月十日に下され(「副書」は無し)、また尾張・越前など十三藩主宛にも、「勅諚」の謄本(写し)が伝達されていた。

この「勅諚」は、特に「(安政)戊午《ぼご》の密勅《みっちょく》」と称されている。「戊午」は安政五年の干支《えと》であるが、「密勅」と称されるわけは、

(1) 八月七日深夜の朝議には、井伊大老に与同《よどう》する九条関白が後日の責任回避のために出席せず、「諸事、先ず関《かかわ》り白《もう》す」という役職にある関白欠席のもとで、勅諚が決定されたこと。

(2) 下賜の場所が、武家伝奏万里小路正房の私邸であったこと。

(3) 幕府の手を経ないで、内密に水戸藩へ伝達されたこと。

等々、詔勅伝宣《でんせん》の正当な手続きによるものではなかった、ということで、一般に「密勅」と称されるに至ったと思われる。「勅諚」を受領した藩主慶篤は、その写しを高橋多一郎愛諸《ちかゆき》(奥右筆頭取《ひっとうどり》)らに持たせ水戸へ伝達させたが、原本は翌六年十月五日に元家老大場景淑《かげよし》が守護して水戸に帰り、城内の「御廟《ごびょう》」に奉安されたという。

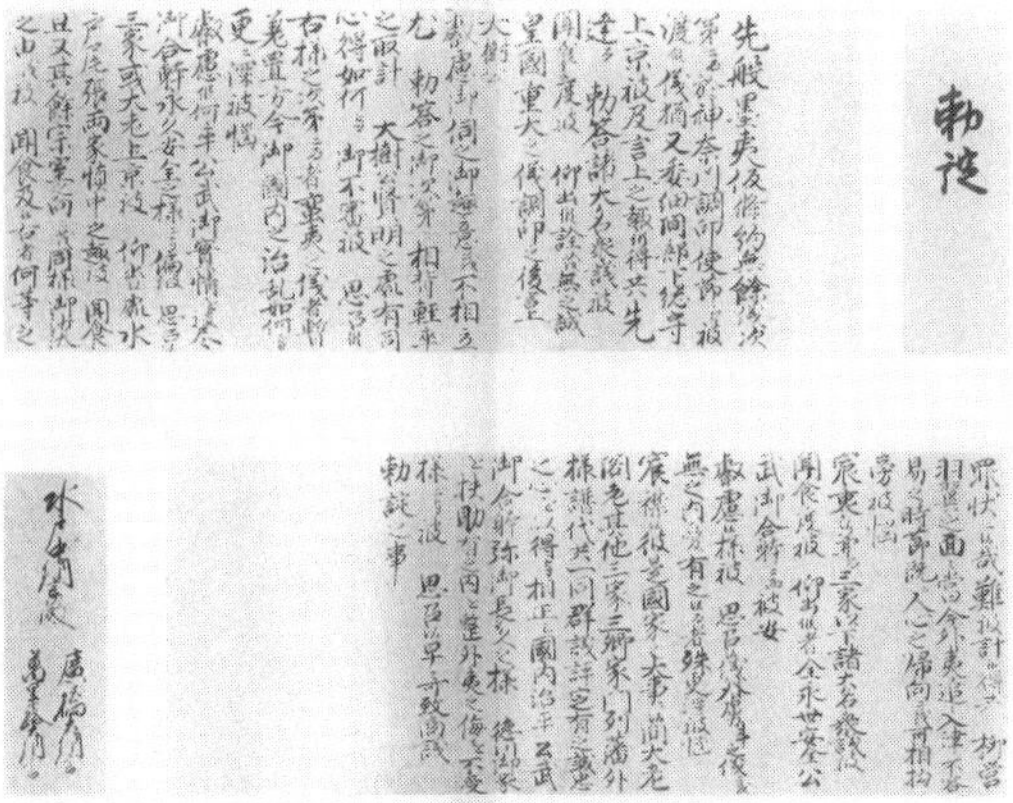

「勅諚（密勅）」（『水戸藩史料』より）

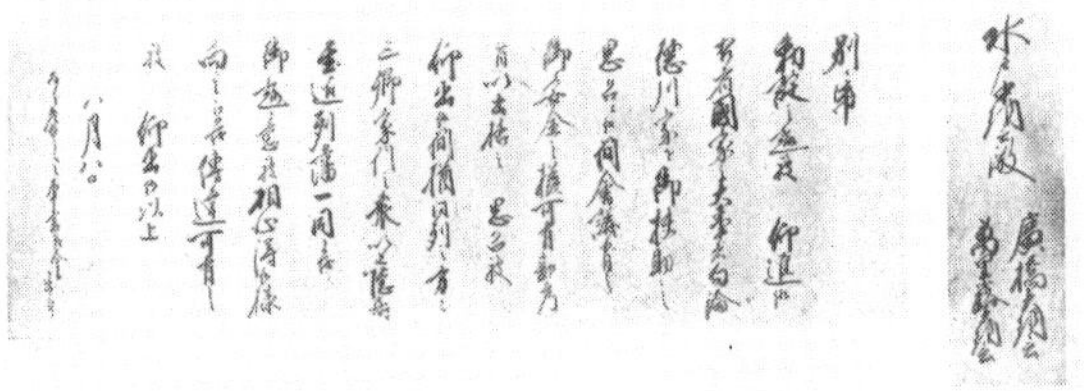

「別紙（副書）」（『水戸藩史料』より）

しかし、八月二十九日、老中太田資始《すけもと》と間部詮勝《まなべあきかつ》が小石川の水戸藩邸を来訪し、水戸藩による勅諚伝達の停止を命じてきた為、水戸藩士民は激昂し、江戸へ向かって南上する者が相次いだ。

水戸藩庁は、これらの士民達を下総小金《こがね》（千葉県松戸市）などに留めたが（小金屯集《とんしゅう》）、彼らは回達の実施を訴え、勅諚返納を阻止しようと行動した。

中には、憤激のあまり死をもって抗議しようという自殺者まで出す情況に立ち至った。

二 「桜田門外の変」への経緯（その二）

(1) 安政の大獄の始まり

水戸藩に降下された「戊午の密勅」を、井伊大老や配下の宇津木景福・長野義言らは、「水戸の隠謀」によるものと断定した。それを物語るものが、水戸と少しでも関わりがあると疑われた者達の逮捕・拘禁《こうきん》であった。

つまり「水戸隠謀説」の証拠固めである。

安政五年9／7、元小浜藩士梅田雲浜の逮捕（翌六年9／14に小倉藩邸で病歿）を皮切りに、9／17に三条家家士《かし》飯泉喜内《きない》、9／18に水戸藩京都留守居役鵜飼吉左衛門・幸吉父子などが逮捕され、以後、京都や江戸で逮捕者が相次ぎ、京・大坂等で逮捕された者は、三次にわたって江戸へ檻送《かんそう》され、五年12／19（11名）・六年1／9（8名）・3／10（13名）にそれぞれ到着した。

水戸の家老安島帯刀（「安嶋」の記載もあり）や家臣茅根伊予之介《ちのねいよのすけ》らも幕府に召喚された。

幕府は、安政五年十二月十二日、評定所に「五手掛《ごてがかり》」（寺社奉行・勘定奉行・町奉行・大目付・目付、各一名）を組織し、逮捕者の訊問にあたることになった。

ところが、審理が始まると、五手掛の間で、厳しい処罰を主張する厳罰論者と寛大な処置で良いという寛典論《かんてんろん》者が、鋭く対立するに至った。

そこで井伊大老は、安政六年二月二日以降、五手掛の更迭《こうてつ》・再編を行った。

〈寛典論〉寺社奉行の板倉勝静《かつきよ》＝免職⟹寺社奉行の本庄宗秀《ほんじょうむねひで》を任命

〈寛典論〉勘定奉行の佐々木顕発《あきのり》＝免職⟹町奉行兼勘定奉行の池田頼方《よりかた》を任命

《厳罰論》町奉行の石谷穆清《いしがやあつきよ》（井伊大老の代弁者）＝留任

《厳罰論》大目付の久貝正典《くがいまさのり》・目付の松平康正《やすまさ》（共に石谷に同調）＝留任

〈寛典論〉評定所留役《とめやく》勘定組頭（事務局長相当）木村敬蔵＝免職⟹同役吉田昇太郎を任命

こうして、五手掛の陣容は寛典論者が一掃されて、大老の与同者《よどうしゃ》で占められることになった。

評定所に喚問された逮捕者たちは、五手掛から「水戸隠謀説」の証拠固めのために、水戸烈公との関係や勅諚降下の朝廷入説などについて、厳しい苛酷な取調べを受けた。

その結果、五手掛から「仕置付《しおきつけ》」、別名「黄紙伺《きがみうかがい》」「擬律案《ぎりつあん》」と称される判決書が閣老《かくろう》（老中）宛に提出された。「仕置付」と何か。吉田常吉氏の解説（同氏著『安政の大獄』）によれば、

「仕置付は、寺社・町・勘定三奉行の合評で正副二通を黄紙《きがみ》に認《したた》めて閣老に提出する。これを黄紙伺いといい、閣老はその黄紙伺いへ白紙にて付札《つけふだ》して処断を認め、……閣老はこれを断ずるに当って、五手掛の仕置付より一、二等軽減するを例とした。」

というのが、幕府の最高裁判所たる評定所の処断の慣例であったという。右の「仕置付」の手順については、『水戸藩史料／巻26』にも、同様の解説が記されている。

(2)「仕置付（擬律案）」と断罪

では、更迭・再編された五手掛による、水戸藩関係召喚者の当初の「仕置付・擬律案」は如何なるものであったのか。一般に伝えられている安政の大獄の処断と同様のものであったのか。

幕臣・小普請《こぶしん》奉行の浅野長祚《ながよし》（号梅堂《ばいどう》、赤穂浅野家の支流、三千五百石、前京都町奉行などを歴任）編の「己未冤罪秘録《きびえんざいひろく》」（『朝野纂聞《ちょうやさんぶん》』所収）及び『水戸藩史料』の記事記録によると、

(1) 安嶋帯刀 ——「重役之儀ニ付御仕置《しおき》不レ仕《つかまつらず》候」⇒ 8／27の断罪＝切腹

(2) 茅根伊予之介 ——「遠島と御仕置附 仕《つかまつり》候」⇒ 同 死罪

(3) 鵜飼吉左衛門 ——「死罪」⇒ 同 死罪

(4) 同 幸吉 ——「獄門」⇒ 同 獄門

（5）　鮎澤伊大夫　――「死罪より二等軽く中追放」　⇒　同　遠島

となって、鵜飼父子の「死罪」「獄門」は変わらなかったが、安島帯刀は「御仕置不レ仕」から一転して「切腹」へ、茅根伊予之介は「遠島」から「死罪」へ、そして鮎澤伊大夫は「中追放」から「遠島」へと加重変更がなされていった。

家老安島帯刀に対する断罪申渡書を見ると、一橋刑部卿（慶喜）が将軍継嗣として西の丸に入るであろうとの世評風聞を烈公の耳に入れ、それが実現すれば御満悦であろうと推量し、その実現のために、在京の鵜飼父子や薩摩藩士日下部伊三治らを通じて、公卿衆へ入説し、勅諚が降下されるに至った。

本来ならば、主君（烈公）に対して「御諫言《ごかんげん》」すべきなのに、それをしなかったのは家老として不届きであり、密勅下賜などの奸計《かんけい》をめぐらしたのは、公儀に対する重罪であり、「始末不《しまつふ》届《とどき》ニ付《つき》切腹」を申し付けるという判決であった。まさに「こじつけ」断罪である。

つまり、井伊大老達の処断は、安島帯刀を「密勅降下」の首謀者として断罪しなければ、「水戸隠謀説」は成り立たなくなり、所謂「安政の大獄」そのものも収まりがつかなくなる。引いては、井伊政権の崩壊にも繋がりかねない、という危機感によるものであったと推測する。

では、五手掛改編後の「仕置付」（黄紙伺・擬律案）が閣老へ提出された後、どうして、右のような断罪の加重変更がなされたのか。その辺の経緯をさぐってみたい。
『水戸藩史料／巻26』を見ると、
①「是れ大老井伊直弼の加重せしめたる所なり。而して安島信立《のぶたつ》の処断の如きは、殊に直弼の専決に出でたりと云ふ」
と解説され、当時、評定所調役《しらべやく》の役職にあった小俣景徳《おまたかげのり》の左記の談話も併せて記載している。

安島帯刀の墓（水戸・酒門共有墓地）

茅根伊予之介の墓（水戸・常磐共有墓地）

鵜飼吉左衛門・幸吉父子の墓
（水戸・常磐共有墓地）

②「老中の之を断するや大抵仕置付よりも一二等軽減するを例とす。故に是の時もやハり慣例の如く評定所の仕置付よりハ多少軽減することならんと期せしに、思ひきや其の処断に及んで却《かえ》って加重せらる。是実に意外の事なりき云々」

『逸事史補《いつじしほ》』(福井藩主松平春嶽(慶永)著、明治12年成稿)には、

「重刑ハ流罪、其外追放永蟄居《えいちつきょ》位にて刑事伺《けいじうかがい》(註、仕置付のこと)差出候処、老中も一見いたし、此位にて可レ然《しかるべし》との評議相極《あいきま》り、大老掃部頭《かもんのかみ》へ差出候処、

少々考候義も候間、一両日留置《とめおき》、尚以二付札一《つけふだをもって》相下ケ可レ申《もうすべし》との事。両三日経て、俄《にわか》ニ掃部頭より付札に死刑とありて、一同心中驚愕《きょうがく》せり。当時掃部頭ハ、飛鳥《とぶとり》も落ちる程ノ勢故に、役人もこれを押返すこと不レ能《あたわず》して惨酷《ざんこく》ノ刑に処せられたり。」

又、右の記録等とほゞ同様のことは、当時、外国奉行支配通弁《つうべん》御用御雇《おやとい》という職にあった福地源一郎(号桜痴《おうち》)の著『幕末政治家』(明治31年刊)等にも記されている。

尚、「死罪」に処せられた水戸藩以外の人物について、吉田常吉氏の『安政の大獄』では、

①10/7の第二次断罪で死罪に処せられた越前藩士橋本左内《さない》(景岳《けいがく》)について、

「五手掛《ごてがかり》の黄紙伺い、すなわち仕置付は遠島とあったのを、大老の専決によって罪一等を加えたという。」

同じく、京都出身の尊攘志士・頼三樹三郎《らいみきさぶろう》（鴨崖《おうがい》）について、

「評定所の罪案では、頼《らい》も死罪ではなく、大老の手で罪一等を加えられたという。」

② 10／27の第三次断罪で死罪に処せられた長州藩士吉田寅次郎《とらじろう》（松陰《しょういん》）について、

「五手掛の仕置付は流刑《るけい》であったのを、大老が流の字を改めて死の字にしたという。」

と加重断罪の情況を記されている。以上、紹介した記録からも、井伊大老の「付札」によって、「死刑」という加重断罪がなされた情況を伺い知ることができる。

勿論、研究者の中には（母利美和氏『幕末維新の個性／6　井伊直弼』など）、

◇直弼が……独断で附札により一等重い罪に下したという説は、当時の幕府評議のあり方から考えて不可能であり、処分は当時の幕閣の合意のもとで決定されたと考えるべきである。

◇当時の直弼にそれほどの専決権があったのであろうか。

◇現存する「黄紙」（井伊家文書）は、……少なくとも附札の筆跡は直弼のものではない。

という、井伊大老の加重断罪に対する弁護論もある。

まず「大老の専決権」を疑問視しているが、大老の職務権限については、

笹間良彦氏――「老中の上にあって職務を処決し、将軍といえども、決裁を動かす事はできなかった」（『江戸幕府役職集成』）

稲垣史生氏――「政務の上で、大老がきめたことは将軍も変更することができない。それほどの権威を持たせてあった」（『時代考証事典』）

と解説されており、平穏無事の、常態の時であったならば、「当時の幕閣の合意のもとで決定」されたであろうが、「安政の大獄」という非常事態に際しての断罪である。

そこに、井伊直弼の「大老」としての非常大権が発動された、と解釈することは至極当然のことと言えるであろう。もしも老中間における評議と同等の権限しか行使できなかった、というのであれば、直弼が「大老」職についた意味は無かったと言っても過言ではなかろう。

又、「付札の筆跡」が井伊大老自身のものではなかったとしても、彼が側近の奥右筆等に命じて、書かせた可能性も否定はできないであろう。

以上、かなりの紙数を費やして、「安政の大獄」の処断について、評定所五手掛の仕置付《しおきつけ》（黄紙伺・擬律案）に対し、幕府の慣例を無視して、井伊大老により加重断罪が行なわれた情況の概略を紹介したが、切腹・死罪八名（水戸藩関係者が半分の四名）。他に流罪・追放・謹慎・落飾《らくしょく》等に処せられた者は百名を越えた。

また、水戸烈公＝国元永蟄居《くにもとえいちっきょ》、藩主慶篤＝差控《さしひかえ》、一橋慶喜＝隠居・慎《つつしみ》、さらには直弼に協力してきた前老中堀田正睦《まさよし》や松平忠固《ただかた》は隠居、岩瀬忠震《ただなり》・川路聖謨《としあきら》・永井尚志《なおゆき》・浅野長祚《ながよし》らの幕臣も罷免・隠居・差控等の処分が行なわれた。まさに「安政の大獄」は、わが国の歴史上例を見ない大弾圧であり、人的な損傷も計り知れないものがある。幕末史の悲劇の根源となったのである。

(3) 勅諚返納問題と長岡勢屯集

安政五年九月から六年十月にかけて、水戸藩や烈公に関係があると疑われた志士達や藩内の士民達は、「水戸隠謀説」の証拠固めのために次々と逮捕され、苛酷な取調べをうけたのち、黒沢止幾《とき》が中追放、土浦藩士大久保要《かなめ》が永押込《ながのおしこめ》、水戸藩士大竹儀兵衛が押込に処せられるなど、厳しい処断がなされていった。

以上のような「安政の大獄」の嵐が吹き荒れている頃、水戸藩内では、勅諚をすみやかに他藩に回達すべきであると要求する者や、家老安島帯刀らの検挙に憤激する者などが、前にも増して大挙南上し、江戸の小梅邸(現、東京隅田公園)あるいは小金駅に屯集するようになった。

これに対し藩当局もしばしば鎮撫につとめたが、五月中頃になると小金駅屯集勢も、いわゆる鎮派と激派に分かれるようになり、五月二十日には小金勢のうち五百余名が退散したが、多くの士民は、勅諚回達を嘆願して、さらに下総の八幡《やわた》駅(千葉県市川市)に移り集まった。

これらの屯集勢も、やがて九月末頃には退散させられるに至ったが、同年十二月、幕府と気脈を通ずる関白九条尚忠《ひさただ》が中心となって、勅諚返納を水戸藩に命ずることに朝議が決し、十二月十六日と二十二日に幕府を通じて、返納の勅命が水戸藩に達せられた。

そこで、水戸藩の有志士民数百名は、藩当局が秘かに勅諚を江戸へ回送し、幕府へ渡すことを恐れ(実は、すでに十月五日に、勅諚の原本は江戸から水戸に持ち帰られ、水戸城二之丸の水戸家祖《そ》廟《びょう》に収められていた)、これを途中で阻止しようと、十二月二十三日に長岡《ながおか》駅(茨城町長岡)に集合した。

藩政府当局の議論としては、

◇返納すべしとの勅命が下った以上、これに違背することはできない。しかし幕府に返納することは士民達が承服しないであろうから、特に専使《せんし》を立てて朝廷に直納した方がよい。

ということに決まった。

しかし長岡勢はこれに対し、勅諚を朝廷へ直納することも、幕府へ一時返納することも、一切不可と主張し、返納を断固阻止しようとした。

やがて年が改まって万延元年(一八六〇)正月、藩当局は、返納の前にまず長岡勢を鎮定することに決し、正月二十四日には烈公から「諭書《ゆしょ》」が有司宛に下され、勅諚返納の藩の方針に従い、長岡勢を解散させよ、と命じられた。

また、五日後の二十九日には、長岡屯集士民の父兄親族に命じて、その子弟を説諭し、解散させようとした。

しかし長岡勢はいよいよ気勢をあげ、二月になると宿《しゅく》の南に「大日本至大至《しだいし》忠楠公招魂《ちゅうなんこうしょうこん》之《の》表《ひょう》」と大書した、高さ九尺余（約二・七ｍ余）の大木柱を押し立てて、志の堅固ぶりを示した。

「大日本至大至忠楠公招魂之表」
（楠公社境内に復元の現石柱）

「水戸浪士の毛塚」に建立された『楠公社」
（茨城町字天徳寺）

(4) 井伊大老要撃計画と同志の江戸出府

さて、その頃別なところで、一つの重大な計画がなされつゝあった。即ち大老井伊直弼要撃《ようげき》の計画である。

この計画は、前年の安政六年八月十六日頃に、水戸の金子孫二郎、高橋多一郎、野村彝之介《つねのすけ》、関鉄之介、木村権之衛門《ごんのえもん》。それに薩摩の有村雄助《ありむらゆうすけ》(次左衛門の兄)、高崎猪太郎《いたろう》らの面々が、江戸に参会した折りに、すでに密議されていたことであった。

だが、その後同年十一月十二日に、藩士民を動揺させた罪により、金子、高橋、関らが、藩庁から蟄居《ちっきょ》(自宅一室での謹慎)を命ぜられたため、直接的な活動ができなくなってしまった。

それでも金子や高橋らは、秘かに木村権之衛門や畑弥平《はたやへい》らを通じて、薩摩の有村雄助及び田中直之進《なおのしん》らと連絡をとらせ、要撃計画を進めていった。

そして安政七年(万延元年)正月下旬には、決行の期日を「二月二十日頃」と予定し、金子孫二郎が江戸で要撃を指揮総括し、成功の上は直ちに大坂《おおざか》へ向かう。

高橋多一郎は直接大坂へ行き、薩摩藩有志と協力し義兵を挙げると共に、東西呼応して一挙に幕政を改革し、頽勢《たいせい》を挽回《ばんかい》する、というところまで計画が煮詰まっていた。

同じ頃、水戸の同志数名が先発して江戸に潜入し、諸準備に当たった。秘密の行動なので、記録らしいものはないが、諸書に散見する言い伝えや聞き書などから、情報を拾い集めてみると、

正月二十三日に佐野竹之介（変名は海野慎八）、木村権之衛門（変名は四ツ目《よつめ》・錦《にしき》）、黒沢忠三郎（変名は神田浦三）らが水戸を出発し江戸に出た。

杉山弥一郎も早く江戸に出て、杉野某と名を変え、日本橋馬喰町《ばくろちょう》の井筒屋嘉七《いづつやかしち》宅に間借りして、出府してきた黒沢と共に、井伊家の動静を事細かにさぐったり、岡部三十郎や増子《ますこ》金八らと一緒に、出府してくる同志のために、神田佐久間町、浅草田町、本所などに隠れ家を準備したりしていた。

という情況であったらしい。

そして、高橋多一郎・金子孫二郎をはじめ他の同志達が、水戸を発ち始めたのは、二月十八日から二十五日の間であった。

即ち二月十八日は、長岡屯集勢にとっても、大老要撃計画をもつ金子・高橋らにとっても、重大な日となった。

予定していた決行期日の二月二十日は、二日後に迫り、到底この日に決行できないにしても、

「二十五日頃には実行したい」と、金子・高橋達は考えていたようで、そろそろ水戸を出なければならない時期が迫ってきていた。

「二月十八日」水戸藩庁は、高橋多一郎、関鉄之介、住谷《すみや》寅之介、矢野長九郎らを、長岡勢と気脈を通じ、それを指揮し、動かしている重要人物とみなし、彼等を拘禁するために、藩の評定所へ召喚した。

住谷と矢野は召喚に応じて出頭したが、高橋多一郎と関鉄之介は十八日の朝召喚状が届くと、いちはやく姿を消し、高橋は同志の朝倉五郎衛門宅に潜み、二十日の夜に磯部《いそべ》三郎兵衛と変名して、息子の荘左衛門《しょうざえもん》と共に、大坂へ向かって秘かに水戸を発った。

関は、この日の昼前後に旅立ち、笠間—下館（筑西市）—小山を経て、二十日の夕方江戸に着いた。

また、金子孫二郎は十八日の召喚は免れたが、身に迫る危険を感じ、また要撃計画実行の時機が切迫してきたことを考え、その十八日夜に西村東右衛門《にしむらとううえもん》と変名し、子の勇二郎や同志稲田重蔵らと共に、家を出て江戸へ向かった。道筋は（当時の地名）、那珂郡田谷村—下国井村—笠間—雨引観音—真壁郡関本下町—結城—小山—古河—王子と辿って、二十五日に江戸に入り、神田佐久間町の岡田屋に投宿した。

一方、長岡勢は、高橋・関や金子が捕らえられたらしい、という情報に接し、彼等を救出しようと、林忠左衛門、森五六郎ら十数人が長岡から水戸街内《まちうち》へ向かい、夕方、城下に入って様子をうかがったが、すでに高橋、関、金子らが水戸を脱出したらしい、ということを知り、「それは良かった」ということで、ひとまず長岡に引き上げることになった。

ところが同じこの十八日、藩庁は、家老の鳥居瀬兵衛《とりいせへえ》らに烈公の諭書を持たせ、長岡へ向かわせたが、鳥居らはわずかの手勢だけを連れて城下を出たので、そのまゝ長岡へ向かうわけにも行かず、吉田の薬王院《やくおういん》(天台宗)にとどまって、後続の応援部隊が進発してくるのを待っていた。

しかし、夕方になってもその部隊が来ないので、やむを得ず水戸城下に戻ってきた。

その鳥居隊と、江戸街道の分岐点、備前堀に架かる銷魂橋《たまげばし》(消魂橋)で、バッタリ出会ったのが、林・森らの長岡勢であったからたまらない。たちまち斬り合いが始まり、双方それぞれ負傷者を出すに至った。これが世に言う「銷魂橋事件」である。

これが契機となって、長岡勢は、藩庁が説得のために使者を差し向けるのではなく、討伐軍を進発させる意向であることを知り、これに抵抗すれば叛乱となり、これまでの素志を無にしてしまう恐れありと判断、討っ手のくる前に自ら解散しようということに一決し、十九日に長岡を退散するに至った。

銷魂橋事件に関係した森五六郎も、十九日に数名の同志と共に長岡を発ち、二十一日に江戸に到着した。

海後磋磯之介《かいごさきのすけ》は二十一日夜に水戸発、二十五日に日本橋馬喰町の井筒屋に投宿した。

同じく二十一日夕刻には、斎藤監物《けんもつ》（変名は佐々木馬之介）・蓮田一五郎・鯉渕要人《こいぶちかなめ》らが水戸を発って江戸に向かい、浅草田町の藤相模《ふじさがみ》に投宿した。

二十五日夜（一説、二十一日朝）には、山口辰之介、大関和七郎が商人姿で水戸発、浅草観音の境内で杉山弥一郎らに出会った。その他の同志達も、だいたいこの間に江戸に出府し、それぞれの隠れ家に身を潜め、秘かに連絡をとりあった。

尚、本書の主人公である蓮田一五郎が、長岡勢に加わっていたか否かは、定かではない。後に書かれた、彼の母姉宛「遺書」の中には、「私儀昨十月中大病相煩《あいわずら》ひ候節、相果《あいはて》候ハ、」と書かれていて、昨年、即ち安政六年の十月に病気に罹ったことがわかる。長岡勢の屯集は十二月下旬であるから、それ以前に病気が治っていれば、長岡勢に加わったということも考えられるが、今のところ不明としておこう。ただ、斎藤監物とは終始連絡をとりあっていたらしく、江戸出府の際も、斎藤と同一行動をとっている。

三　蓮田一五郎の生い立ちと人となり

(1) 生い立ち

井伊大老要撃に参加した烈士の一人蓮田一五郎の、桜田門外の変に至るまでの生い立ちの概略を、幾つかのテーマに分けて紹介してみたいと思う。

蓮田一五郎は、天保四年（一八三三）、水戸の西郊、馬口労町《ばくろうちょう》一丁目（水戸市末広町一丁目）に生まれた。

父親は、蓮田栄助宗通《えいすけむねみち》といい、水戸藩の町方役人で、同心《どうしん》（町奉行の配下で、城下町の警察業務を担当した）を勤めていた。同心としての役料はわずかに扶持米《ふちまい》七石の薄給で、生活は苦しかったが、なかなか教養のある人で、私塾のようなものを開いて、近隣の子供たちを教育していたとも伝えられている。

母親は、水戸の下町紺屋《こうや》（現・こんや）町の沼田家から嫁いできた女性（明治二十八年十月歿、行年九十歳）であった。

一五郎は、三人姉弟の末子で長男、二人の姉がいた。

上の姉の名前は不明であるが、のちに一五郎が「金町姉様《かねまちあねさま》」と呼んだ人で、饅頭屋を営む長谷川という御用商人の家に嫁いだ。

二番目の姉が「清《きよ》」という名の人で、一五郎が亡くなった頃には、まだ独身であったようで、母の世話をしていた。

家族としては、他に祖父栄吉《えいきち》が同居していたので、生まれてからしばらくの間は六人家族、貧しいながらも、一五郎にとっては幸せな幼年時代であった。

ところが、一五郎が十一歳の新年を迎えて間もなく、天保十四年(一八四三)二月二十二日、父栄助が四十二歳の若さで急逝するという、突然の悲運が一家を襲った。

父が元気で町方同心を勤めていた頃でさえ、その収入が少なく、貧しかったのであるから、父亡き後の蓮田家の経済的困窮は、筆紙に尽くし難いものがあった。

しかし一家の人々は、この悲運に打ちひしがれてはいなかった。

まず祖父の栄吉は、すでに七十数歳という高齢者であったが、亡き息子栄助に代わって、同心に再勤することを願い出て許され、老骨にムチ打って一家を支えることになった。

また母と二人の姉は裁縫《さいほう》の賃仕事《ちんしごと》をして家計を遣《や》り繰《く》りし、一五郎自身も紙のたばこ袋貼《は》りをやって、百枚で十二文という極めて細《ささ》やかな収入であったが、家計を助けようと懸命に努力した。

こうした苦しい生活の中でも、祖父栄吉は、孫の一五郎の教育を重視し、近隣に住む玉川温《おん》光《こう》(立蔵《りつぞう》、号青藍《せいらん》)に入門させて、読み書きを習わせた。けれども家計が苦しかったため、結局は十分に通うことができなかったという。

一五郎の少年時代について、直接的にこれを物語るような記録や史料は、ほとんど見当らないが、『桜田義挙録』や『水戸烈士伝』などに収録されている逸話の幾つかを紹介しながら、一五郎の少年時代の面影を偲んでみたいと思う。

(2) 苦学力行の日々

一五郎が生まれた天保四年という年は、水戸藩にとっても画期的な意味を持つ年であった。それは、この年初めて、九代藩主として水戸に帰国した烈公徳川斉昭が、学校すなわち藩校弘道館の建設計画を発表したことである。

その計画が実現し、一応の完成を見るまでには、多くの障害を乗り越えなければならなかったが、七年後の天保十二年(一八四一)八月朔日に仮開館式を挙行して、弘道館の教育がスタートした。

この藩校弘道館は、当時、烈公を中心に進められつゝあった藩政改革、即ち天保の改革の眼目として、欧米列強のアジア侵略の鉾先がわが国に迫りつゝある時、長い間続いた社会や政治の停滞、腐敗堕落を改革し、国家の存立と発展を全うするためには、まず優れた人材(特に藩士達)を育成しなければならない、という自覚に基づいて建設されたものであった。

従って、天下の模範となるような、教育目標や制度を確立し、従来の幕府や諸藩の学校とは、全く違った構想のもとに、根本的な教育改革を行なおうとしたものであった。

水戸藩では、この弘道館建設以前から、しだいに士民の間に学問を重視する気風が盛んになりつゝあり、学問に優れた者は、身分にかかわらず藩政にも登用されるようになってきていた。

例えば、久慈郡天下野《けがの》村(現常陸太田市天下野町)の百姓木村謙次《けんじ》は、水戸の立原翠軒《すいけん》の私塾に学び、やがて二回にわたる千島探険を行なって郷士《ごうし》に取り立てられた。

また水戸城下の古着商の子に生まれた藤田幽谷《ゆうこく》は、翠軒の門に学んだのち、彰考館(『大日本史』編纂の史館)の職員に採用され、のちに総裁となって『大日本史』の編修に力を尽くすと共に、郡奉行《こおりぶぎょう》として民生の上にも大きな働きをなした。

右のような学問尊重の気運の盛り上がりと、弘道館の開設とは、水戸藩の武士や庶民に大きな気風の変化をもたらしていった。

勿論、弘道館に入学できたのは、藩士の子弟で十五歳以上、しかも相応の学力を有する者に限られており、誰でもが入学できるわけではなかったが、藩士の子弟達が熱心に弘道館に通学し、勉学に励む雰囲気は、当然ながら町方や農村の少青年達にも影響を与えずにはおかなかった。

城下の各所に私塾や家塾《かじゅく》(特に、弘道館の教員が開設)が経営され、農村部にもしだいに郷校《ごうこう》(弘道館の分校的性格)が設立されていったのは、そうした事情によるものであった。

従って、一五郎が十一・二歳になった頃は、まさに弘道館が開設されて二・三年の頃であり、勉学の気風が、かなりの勢いで水戸藩士民の間に高まりつゝあった時期に、一五郎は少年時代を送ったわけであり、学問志向の背景が、十分に存在したことは事実であったといえる。

ただし、それはあくまでも一般論であって、個々の家々には、それぞれ種々の事情がある。一五郎の家の場合も、家庭環境から言えば、到底学問に没頭できるような情況ではなかった。しかし、一五郎は、そうした苦難を自らの努力によって克服していった。

十一・二歳の少年といえば、一般にはまだまだ遊びたい盛り、わずかな時間の内職でも苦痛であると思われるのに、一五郎はたいてい朝四時頃から起きて、袋貼りの内職を始め、夜は十時頃までも続けることがあったという。

内職が早めに終わった時は、読書に励んだのであるが、灯《あか》りは一家で行灯《あんどん》一箇だけ。

そこで彼は、母や姉が内職の裁縫をしている背後に寄って、漏れるわずかな灯りで書物を読んだ。しかも向学心に燃える彼は、母達の内職が終わった後も、読書を続けたかったが、母が、

「自分や姉が丹精した灯火《あかり》を点ずるのは無益です」

と注意するので、やむを得ずいったんは蒲団《ふとん》にもぐって寝たふりをし、やがて母や姉が熟睡したな、と思われる頃合を見計らってそっと起きだし、灯りが漏れないように行灯に衣服をかけ、夢中で読書し、しばしば徹夜することもあった。

そのうち、母がこれに気がついた。どうも灯火用の油の減り具合が甚だしすぎる。

さては一五郎が夜遅くまで行灯を使っているなというので、怒った母は、ある時、火吹《ひふ》き竹で一五郎を激しく打ちすえた。すると一五郎は、この母の仕打ちを恨むどころか、却って、

「私が悪うございました」

と素直に謝り、さらに、

「明日からは、私の食事を減らし、その分の費用を灯火の代金にあてて下さい」

と頼み、なおも読書を続けたという。

母も、吾が子がそれほどまでに言うなら、とそれ以上は叱らず、のちに夜の読書を許すようになった。

このような一五郎の熱心な勉学の態度は、しだいに近所でも評判になり、あれこれと援助をしてくれる奇特《きとく》な人々もあらわれてきた。

近所のある人は、一五郎のために行灯用の油を一升買って届けてくれた。彼は飛び上がらんばかりに喜んだという。

また、雑貨商を営む辰巳屋《たつみや》の主人は、

「夜、書物を読むのに灯りに困るなら、うちの店の灯りをつかいなさい」

と誘ってくれた。一五郎はこの好意に感謝しつゝ、しばしばその店にいって、店の灯りで書物を読ませてもらった。

一五郎が困ったのは、灯りばかりではない。手習いの紙や筆墨も容易《たやす》くは手に入らない。紙でも鉛筆でも、どんどん使い捨てられるような、物の豊富な現代の生活からは、とても想像できないような情況であった。

同じ馬口労町に住む、小泉屋という油紙問屋の主人は、商品の上包《うわづつみ》の紙を蓄めておいては、何回となく送り届けてくれた。

一方、下町の母の実家沼田屋の伯母(一五郎の母の姉)は、大変情け深い人で、一五郎の学資にと、毎月二朱ずつ、約二年にわたって送ってくれたという。

同じく親類筋にあたる塙《はなわ》左五郎(重任《しげとう》)も、彼の面倒をよく見てくれた。

貧しい生活ではあったが、一五郎のそのひたむきな勉学への情熱は、周囲の人々に理解され、愛されて、彼への援助の手が暖かく差し伸べられたのであった。

尚、彼の少青年時代の勉学の内容などについては、後節で紹介することにしたい。

ところで、蓮田一五郎という人は、なかなか多芸というか、いろいろな方面に才能を持った人で、十八・九歳の頃には、漢詩、和歌、書道などの分野で、かなりの力を発揮するようになり、さらに算術も達者で、絵も巧みに描いたという。

有名な「桜田門外の変」の場面を描いた絵も、彼が細川家に預かり中に筆をとったものと伝えられ、彼の絵画の才能を今に伝える作品である。

ただし、右の「桜田門外の変」の絵図については、その彩色部分も含め、すべてが一五郎筆であったと断定するには、やゝ疑問も残る。

というのは、三月三日の変後、一五郎は、斎藤監物・佐野竹之介・黒沢忠三郎らと和田倉門外の脇坂中務大輔《わきさかなかつかさおおすけ》邸に自訴し、八ツ時頃(午後二時頃)から傷の治療を受け、その日の夕暮近くに道一つを隔てた筋向かいの細川越中守《えっちゅうのかみ》邸に移された。以後、三日夕刻から九日夜まで細川邸に預かりとなり、九日の夜に南八丁堀《みなみはっちょうぼり》(中央区新富)の本多主膳正《ほんだしゅぜんのしょう》の家来宅へ預け変えとなった。つまり、六泊七日が細川邸預かり(三月七日は評定所出頭)である。その間に、現在、私どもが実見するような、九色ほどの絵の具をつかったカラーの絵画を仕上げ得たかどうか。

同絵の左隅には「安政年中細川侯江御預中　於獄中図之　蓮田一(カ)」と記されているので、一五郎が描いたものに間違いなかろうが、果たして、細川家では、筆墨(矢立であろう)や紙の他に多色の絵具まで　用意し差入れてくれたであろうか。その辺が疑問に思われるのである。

筆者としては、筆墨のみでの描画ならば、細川家六泊七日の間に、現場の情況を思い出しながら描くことは可能であったと思われ、色彩は、のちに誰かが入れたものではなかろうか、と考えるのであるが如何であろう。

それはそれとして、学問や手習、絵画などは、貧しい生活の中での独学でも、彼自身の努力によって、大いに上達したのであるが、一五郎にとって一つ残念に思うことがあった。それは微禄の家とはいえ、一応は武士の子である。その表芸である剣術の修業ができないことであった。

一五郎自身も「何とか習いたいものだ」と思ってはいたが、それを言い出せば、祖父や母姉にまた余計な心配をかけることになる。習いたい気持ちをジッと抑えて我慢していた。

ところがある時、一五郎の家の向い側に住んでいた麴商《こうじしょう》福島屋の息子で、武士《たけし》某《それがし》（明治になって、水戸の市会議員となった武士松之介？）という者が、一五郎に向かって、

「一五郎君は、なぜ撃剣《げきけん》の稽古をしないのか？」

とたずねてきた。一五郎は、

「行きたいのは、山々であるけれども、何分にも家が苦しいので……」

と打ち明けて事情を話すと、武士某は、心から一五郎に同情して、

「それならば、僕が一つ先生に願ってあげよう」

と言って、武士《たけし》の剣術の先生であった金子健四郎という人に話をしてくれた。

金子健四郎は、無念流《むねんりゅう》の達人で浪人であったが、水戸藩に召し抱えられて剣術師範となった人で、身体が力士のように肥満な人、腕力にすぐれていた。

その道場は前田香径《こうけい》氏著『明治大正の水戸を行く』（いはらき新聞社刊）によれば、現在の水戸市立新荘《しんそう》小学校の近くにあったというから、一五郎の家からも歩いて数分の処にあった。

この金子健四郎という人、なかなか愉快な人柄で、

「天下の剣術である。銭はいらぬ。そんな熱心なものがあれば、つれて来い」

と言ってくれた。喜んだ一五郎は、十五歳頃から健四郎の道場に入門して修業に励んだ。

実際に道場に通うことができたのは、半年くらいの間であったようであるが、何事にも熱心な彼は、きわめて上達が早く、無念流の印可《いんか》(免許)を受けたという。

(3) 負けず嫌い

一五郎は、貧困という逆境にもめげず、自らの意志の強さと努力とによって、学問を修め諸芸を身につけていったが、彼には一つ、大変苦手とするものがあった。それは雷であった。

十四・五歳の頃であろうか。次のような逸話が残っている。

ある夏の日、折からすごい雷鳴が襲ってきた。すると一五郎は、すぐに裃《かみしも》を着けて仏前に正座し、雷が鳴り止むまで、物も言わずジッと拝んでいた。たまたま一五郎の家に来ていた人が、それを見つけて、

「どうして、そのように拝んでいるのですか?」

と尋ねたところ、

「男子たるものが、非業の最期を遂げるのは、君子の道ではありません。君国の為には、死を

惜しむべきではありませんが、落雷のために死んだとあっては残念です。ですから、神仏の加護を祈っていたところです」

と大真面目な顔で答えたという。負けず嫌いの片鱗がうかがえる。また次のような話もある。

一五郎にはもう一人伯母がいた。母方の姉であろうか。嫁ぎ先の家名や住所はわからないが、かなり裕福な家であったようで、何不足なく暮らしていた。

その家に、一五郎と同い年位で、いとこに当たるお絹さんという娘がいた。

この娘、近所でも評判の美人であったが、なかなか気の強い、わがまゝな性格でもあった。

十一歳のある日、一五郎は、その伯母の家へ呼ばれて遊びにいった。その晩のこと。お絹さんは、一五郎に向かって、

「一ちゃんは貧乏人の子で、麦飯《むぎめし》ばかり食べているから、色が黒い」

と言ってからかった。これを聞いた一五郎は、子供心にも、なんとも口惜《くや》しく思い、伯母の家に泊まるのをやめて、夜中に一里程の道を歩いて帰ってきてしまった。

それからというもの、伯母の家へは遊びに行かなくなってしまい、時たま使いに出されても、用事が済めばさっさと帰ってきてしまうほどであったという。

ところがある時（十五歳頃？）、久しぶりに伯母のところへ遊びにいった。すると、例のお絹

さんが一五郎のそばへきて、一冊の絵本を出し、

「一ちゃんは絵が上手だから、一枚お姫様の絵を写してお呉《く》んな」

と頼んだ。一五郎は「よし、よし」と言ったきり、なかなか描こうとしなかった。焦《じ》れたお絹さんは、たたみかけるように、

「お茶菓子をおごってあげるというに、何故書かないかね。早くお写しよ。こんなことでもなければ、一ちゃん達は、お茶菓子なんか食べられないわね」

と、一五郎をなじった。これを聞いた一五郎は、前々からこのお絹さんの傲慢《ごうまん》さが、しゃくにさわっていたからたまらない。彼女が写せといって差し出した絵本を、その場で滅茶々々に破ってしまい、

「お絹さんは、何かにつけて貧乏のわしを馬鹿にするが、わしは金持にはなりたくない。……今に神様になって、お前に拝ませて呉れる」

とお絹さんを怒鳴りつけた。彼女は泣いて口惜しがる。騒ぎを聞きつけた伯母がかけ寄り、

「まあまあ、お前達は年甲斐もない。どうしたのです」

とたしなめた。すると今度は一五郎が、口惜し涙をポロポロ流して、とうとうその晩も泊まらずに自宅へ帰ってしまった。そしてそれっきり、お絹さんが居るうちは、伯母の元へは寄り

つかなかったという。

それから十数年後、一五郎は後述するように、二十九歳の若さで刑死したが、やがて時は移り世の中は変わって明治二十二年。一五郎の御魂《みたま》は、靖國神社へ合祀されることになった。

若い頃のケンカ相手であったお絹さんも、すでに七十歳に近い白髪頭のお婆さんになっていたが、彼女は、

「到頭《とうとう》、一ちゃんに、拝まされました」

と、しみじみと当時を回想して語っていたという。

⑷ 厚い孝心の子

このように、一五郎の逸話をみてくると、確かに負けん気の強い少年であったことは事実のようである。しかし気が強いだけの子であったか、というとそうではなく、非常に心根《こころね》の優しい、思い遣《や》りのある少年でもあった。

自分が着る衣服についても、通常は自分で始末し、母や姉達の手を煩わせないようにと心がけたり、外出や帰宅の折りには必ず祖父や母に手をついて挨拶をした。また、食事のたびごとに、

「御蔭様にて、御飯を頂きまして」

と礼を言い、夜遅く内職が終わると、祖父や母の足腰をもみ、その後で自分の勉強にとりかかることが多かったという。

少し大きくなってからは、友達の家によばれ、珍しいお菓子などが出ると、自分では口をつけずに貰って帰り、祖父や母にお土産ですと言って食べてもらうのを、彼自身の喜びともしていたようである。

一五郎は、どちらかというと無口な方で、余計なことはしゃべらない性質であったが、昼間見たり聞いたりした世間話などを、訥々《とつとつ》と、しかも面白そうに家族に話して聞かせたりした。

またある年の冬のこと、日頃から学費の援助など、何かと恩を受けていた母の実家沼田屋の伯母が、大病に罹《かか》ったという知らせがあった。

びっくりした一五郎は、すぐに伯母のところへ見舞いに駆け付けたが、その夜から、毎晩真夜中の丑三時《うしみつどき》頃になると、彼の姿が見えなくなった。

家族の者もあとになって知ったことであるが、彼は十七日の間、裏の井戸で水垢離《みずごり》（頭から水をかぶること）をとり、その足で、馬口労町から半里（約2km）も離れた愛宕《あたご》神社にお参りして伯母の病気快癒《かいゆ》を祈願していたのであった。

これを伝え聞いた沼田屋の伯母は、一五郎の優しい真心に、涙を流して喜んだという。

(5) 就職

『桜田義挙録』や『水戸烈士伝』によって、一五郎に関する幾つかの逸話を紹介してきたが、それらすべてが事実であるとは言えないまでも、一応彼の少年時代の姿をうかがうことが出来たのではないかと思う。

さて、父の栄助が亡くなったのは、一五郎が十一歳の時であったが、それから約五年の間は祖父栄吉が町方同心を勤め、一家の柱となってきた。

しかしその祖父も八十歳に近い高齢となったため、嘉永元年(一八四八)、十六歳になった一五郎は、祖父の代番として町方同心の役に就くことを許され、はじめて三両二人扶持を与えられた。

この収入について、ちょっと説明しおこう。

「一人扶持」とは、一日一人分の米が支給されることをいうが、一人分の支給量につい

蓮田一五郎の両親の墓碑
(水戸市常磐共有墓地)

ては、五合（約〇・九ℓ）位という説と、三合八勺（約〇・七ℓ）位という二説がある。

「三両二人扶持」は、年額三両の給金と、多い方で三石六斗（少ない方で約二石八斗）の米が支給されることである。勿論、精米ではなく、籾《もみ》の計算であるから、実質的には更に減少する。

食べるだけならば、一家四・五人が何とか食いつなぐだけの量はあったことになるが、それだけでは、到底、生活することは難しい。

俗に、最下級の武士を嘲笑《ちょうしょう》する言葉に「サンピン」という語がある。

これは「三両一人扶持」の略であるから、一五郎の三両二人扶持は、それよりほんの僅か多い収入ということになる。諸物価の基準、生活レベルの全く違う今日と比較することは、大変難しいが、極めて低い収入であったことは確かである。

十六歳の若い見習同心の立場としては、やむを得ないことであったのであろう。

そういうこともあって一五郎は、同心勤務のかたわら、依然として内職を続けなければならなかったが、この間においても、一生懸命に勉学に励んだ。

ところが、七年ほど町方同心の役を勤めた一五郎は、安政二年（一八五五）二十三歳の時に、仕事を変えている。まず六月に、同心をやめて軍用方写字生《ぐんようがたしゃじせい》という仕事についた。

写字生というのは、書物の筆写等に従事する下役としての仕事であったが、何故、町方同心

を罷めたのか、という理由については、『桜田義挙録』に、

「その時分、同心が打首《うちくび》の者一人に立ち合えば、五両の手当があるので、何れもこれを役《やく》徳《とく》として、欣《よろこ》むで出たものであるが、一五郎も一度は役目のこととて是非なくこれに立会った。然るにその惨忍な職務は、到底一五郎の清高なる性質に合はなかったと見えて、家に帰ってから、『あんな役目は、迚《とて》も人間のする事ではない』といって居たが、夫等のことが動機となって、終に其職を罷めて仕舞った。」

と記されている。

打首の立会いに、一回五両もの大金の手当が出たというのは、事実かどうかわからないが、心根の優しい一五郎にとっては、同心としての職務が肌に合わなかったことは確からしい。

そうした事情からか、町方同心から軍用方写字生の仕事に移り、ついで同年十月には、寺社方の手代という役職に就き、五石二人扶持の役料を支給されることになった。

新たに一五郎が就いた寺社方の手代という職務(上司である寺社役のもとで、寺院や神社に関する監督・事務などの仕事)は、彼にとっても、やり甲斐のある仕事であったらしい。

というのも、仕事の性質上、接触する人々は神官や僧侶達であったので、それ相応に学問もあり教養もあった。一五郎も大いに興味を感じ、一生懸命勉強もし仕事に励んだようである。

職務上は、奥番組《おくばんぐみ》寺社役の梶信基《かじのぶもと》（通称は清次衛門、住谷寅之助の弟、梶信満の養子。尊攘運動に活躍。慶応元年四月三日斬死。贈正五位）の配下に属したが、やがて、その仕事を通じて、静《しず》神社（茨城県那珂市静）の長官である斎藤監物《けんもつ》（一徳《かずのり》、号は文里《ぶんり》）に接する機会をえた。

斎藤監物は、幼少から学問を好み、特に藤田東湖の薫陶を受けてこれを深め、東湖流の書道は抜群であったという。また剣術は神道無念流《しんとうむねんりゅう》の達人で、静神社の私邸内に道場を設け、彼を慕ってくる青少年に武術の講習も行なっていた。

一方、水戸九代藩主の烈公（徳川斉昭）から、水戸東照宮ならびに藩校弘道館内の鹿島神社のそれぞれの神職を兼務することを命ぜられ、神官としても重きをなしていた。

その斎藤監物から、一五郎は知遇を得るようになったわけであるが、いつ、どこで、どんな形で監物との出会いがあったのか、それに関する記録は何もない。

しかし一五郎は、斎藤監物という人物によって、当時の急迫しつつあるわが国内外の情勢に、大きく目が開かれて行き、やがては、二十八歳の年、万延元年三月三日の「桜田門外の変」に、監物と共に参加することになる。

「桜田門外の変」のことは、後節に回すことにして、次にはまず、一五郎の少青年時代の勉学読書の様子について、少しく目を向けてみよう。

(6) 学問研鑽

一五郎は、前述したように、読書の灯りや、筆紙にも事欠く貧困の中で、苦学したのであったが、書物を手に入れることも、これ又、今日の我々の生活からは想像できないほど、困難なことであった。

読みたい書物も購入できない一五郎はどうしたか。『桜田義挙録』や『水戸烈士伝』等の解説によると、水戸藩を代表する学者である、

会沢正志斎《あいざわせいしさい》——名は安《やすし》、通称恒蔵《つねぞう》、字《あざな》は伯民《はくみん》。藤田幽谷の門人。『新論』の著者。弘道館教授頭取を勤む。文久三年(一八六三)病歿。八十二歳。

茅根寒緑《ちのねかんろく》——名は泰《やすし》、通称伊予之介《いよのすけ》、字は伯陽《はくよう》。会沢正志斎の門人。弘道館舎長を勤む。藤田東湖の死後、後継者として期待される。安政の大獄で斬死。三十六歳。

などの家に出入りを許してもらい、書物の借覧筆写によって読書し、学問を続けたと伝えられている。誰が一五郎を、会沢正志斎や茅根寒緑に引き合わせてくれたのかは判らないが、とにかく彼が少青年時代に筆写した書物の数は、実に数百巻に及んだという。

そうした一五郎の苦学の跡を示す蔵書の大半は、明治十九年の水戸の大火で焼失したが、そ

れでも尚「三十余巻が蓮田家に残存している」とは『桜田義挙録』の記すところであるが、幸いに昭和五十五年当時、一五郎の姉「清《きよ》」の孫に当たられる栃木県宇都宮市在住の蓮田美香《よしか》氏が、後節で紹介する一五郎の「遺書」と共に、大切に保管されていることを知ることができた。

そこで筆者は、その蔵書と「遺書」の閲覧を希望する旨のお願いをしたところ、まずは蔵書の三十余巻を快く貸与して下さり、写真撮影とコピー複写を快く許可して下さった。

「遺書」等については、翌五十六年十二月に宇都宮のお宅に参上し写真を撮影させて頂いた。

この「遺書」等に関することは、後に解説することにし、まずは蔵書の当時の情況を紹介しておこう。

三十余巻の書物は、具体的には三十六編で、その中には合冊本もある。

右の三十六編のうち、一五郎自身の著作と思われるものは一編もなく、すべて他の人の著作を筆写したものか、或いは諸書から抄出筆写したものばかりであっ

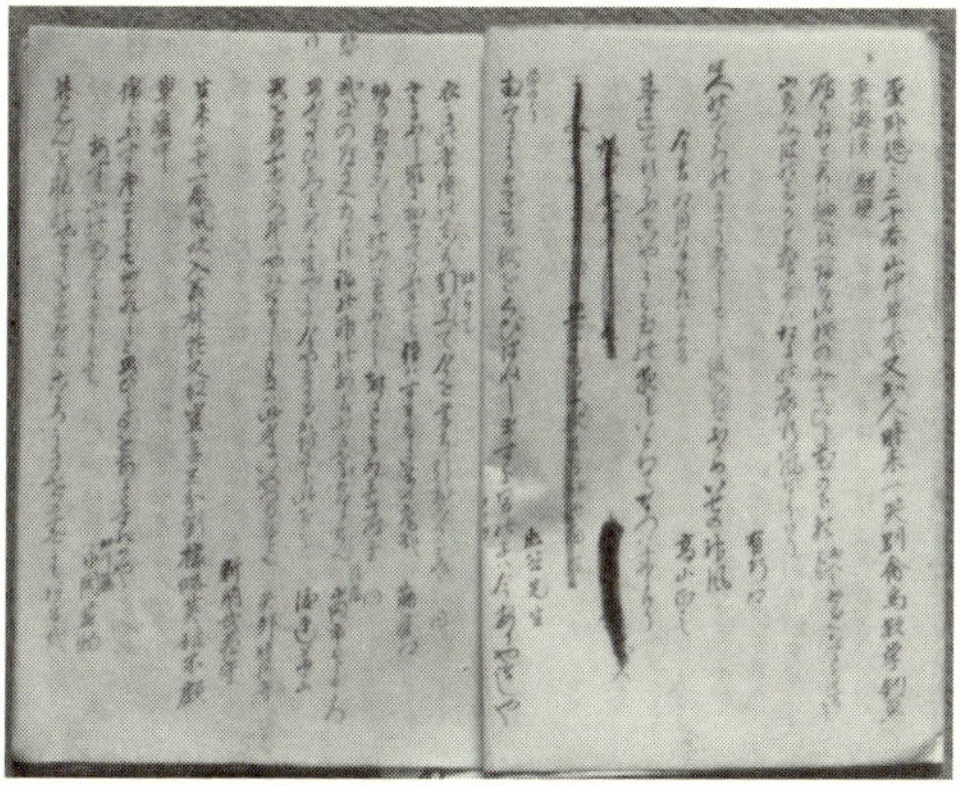

蓮田一五郎の蔵書（故蓮田美香氏旧蔵）

た。

もちろん少青年時代に、彼が一編の著作も残さなかったというわけではないであろうし、明治十九年に焼失した数百巻の書物の中に、彼自身の著作文も含まれていたとも考えられるが、蓮田美香氏が、昭和五十五年当時に所蔵されていた三十六編には、全く含まれていない。従って、彼の学問成果や思想については、僅かにのこされている遺書や遺詠、手記などから判断する他に方法はないが、どんな書物に注目し何を学ぼうとしていたかという、かれの学問志向の傾向については、三十六編の筆写蔵本によって、ある程度はうかがい知ることができる。

【昭和五十五・六年当時の蓮田美香氏所蔵本、目録】

1 『保建大記《ほうけんたいき》』――彰考館史臣栗山潜鋒《くりやませんぽう》の著書。保元《ほうげん》（平安末）～建久《けんきゅう》（鎌倉初）の歴史を究明論評した名著。**〔弘化四丁未五月写之蓮田子謹書〕**の識語有り。

2 『中興鑑言《ちゅうこうかんげん》』――史臣三宅観瀾《みやけかんらん》の著。建武中興の諸問題を論評した書物。〔筆写年代不明〕

3 『伯耆巻《ほうきのまき》』――建武中興時代の名和長年《なわながとし》の活躍を記した書物。作者不明。〔筆写年代不明〕

4 『常州《じょうしゅう》義軍考《ぎぐんこう》』――彰考館総裁豊田天功《てんこう》の著作。常陸南朝勢の活躍叙述。〔筆写年代不明〕

5 『修史始末《しゅうししまつ》　巻之上』（一部のみ）――彰考館総裁藤田幽谷の著作。

6　『二連異称《にれんいしょう》』（一部のみ）――藤田幽谷著。親の逝去後の服喪《ふくも》・喪制《そうせい》の問題を論評。

7　『弘道館《こうどうかん》記《き》述《じゅつ》義《ぎ》　巻之上』（一部）――藤田東湖著。「弘道館記」を解説・述義した名著。

8　『退食間話《たいしょくかんわ》』――会沢正志斎の著作。弘道館における人材教育の理由を、問答形式で解説。

9　『修静庵遺稿《しゅうせいあんいこう》　坤《こん》』――下野（栃木県）の学者蒲生君平《がもうくんぺい》の遺稿集。

10　『頼山陽文抄《らいさんようぶんしょう》』――儒学者・漢詩人の頼山陽の文集――［以上、5〜10も筆写年代不明］

11　『高山正之伝《たかやままさゆきでん》』――杉山復堂《ふくどう》著。**［于時嘉永元年戊申五月写之　蓮田貞勝蔵本］**の識語。

12　『尚志斎稿《しょうしさいこう》・赤穂四十七士伝』――内容は、水戸の青山佩弦《はいげん》（延光《のぶみつ》）撰『赤穂四十七士伝』に酷似。「尚志斎」が不明。**［于時嘉永元年申初夏写之　蓮田貞勝蔵本］**の識語。

13　『明訓一斑抄《めいくんいっぱんしょう》』――烈公斉昭篇。**［嘉永元年申九月一日夜ヲ以テ写　貞勝］**の識語。

14　『嘆願書《たんがんしょ》――水戸英傑狂者《えいけつきょうしゃ》』――甲辰国難《こうしんこくなん》に関する水戸藩士の嘆願書。

15　『幕府御達之写《ばくふおたっしのうつし》』――嘉永二年酉三月十三日御達事件関連。

16　『畫灰書《がかいしょ》』『畫水書《がすいしょ》』（合冊本）

17　『籌海私議《ちゅうかいしぎ》』――塩谷世弘《しおのやせこう》（甲蔵）。

18　『北亜墨利加《きたアメリカ》合衆国ノ伯理璽《ペルリ》天徳《てんとく》「シルラルト・ヒルモオレ」書ヲ日本国帝殿下ニ呈ス』

19　『要石（かなめいし）』――烈公自作の謡曲詞。

20　『稽徳編《けんとくへん》』（巻之七・東照宮第七）――深田正韶《まさつぐ》編。

21　『校合雑記《きょうごうざっき》　下』（『小雑記』下巻）――堤朝風《つつみちょうふう》抄

22　『良将達徳鈔《りょうしょうたっとくしょう》』（巻之二）――古賀侗庵《こがとうあん》著。

23　『御当家御先祖記《ごとうけごせんぞき》』――著者不明。

24　『助川築城祝詞《すけがわちくじょうのりと》』・『弘道館鹿嶋《かしま》神社遷記《せんき》』・『義奴甚内墓碑《ぎどじんないぼひ》』（合冊本）

――**【安政四年丁巳五月　写於民部官】**の識語。

25　『白石《はくせき》先生詩集』――　新井白石の漢詩集。**【弘化元年、12歳の時筆写】**

26　『東湖先生詩集』――藤田東湖の漢詩集。

27　『読書日抄《にっしょう》』――戦国武将の逸話を諸書から抄出記録。

28　『東莱博議《とうらいはくぎ》』――宋《そう》の呂祖謙《りょそけん》著。

29　『范忠宣公文集《はんちゅうせんこうぶんしゅう》』――宋の范純仁《はんじゅんじん》、諡《おくりな》が忠宣《ちゅうせん》。范仲淹《はんちゅうえん》の次男。

30　『東坡策《とうばさく》』――宋の蘇軾《そしょく》＝蘇東坡《そとうば》著。

31　『龍川《りょうせん》文集』――南宋の陳龍川《ちんりょうせん》著。

32　『聞見録《ぶんけんろく》』――水戸をはじめ幕末の英傑・重要人物の漢詩や和歌を収録。

33　『聞見雑録《ざつろく》』――右書同様に、水戸をはじめ他藩の重要な人々の詩歌を収録。

以上の三十六編が、蓮田美香氏旧蔵（同氏が物故されたのち、「蓮田一五郎蔵書本」の行方及び現所蔵者名は不詳）の書物であった。

明治の焼失前の一五郎の蔵書には、他にもたくさんの重要な、興味ある筆写本が含まれていたに違いない。『桜田義挙録』にも、

「十六歳の時謄写せる日本外史は、香川伯《かがわはく》（註、伯爵香川敬三）の家に、会沢伯民注疏《ちゅうそ》の孝経《こうきょう》一部は古沢介堂《かいどう》氏の家に、珍蔵されている」

と記されているので、残っているものもあると思われる。右の二書については、筆者も未だ現存を確認していない。

これまで紹介してきたように、蓮田美香氏旧蔵の三十六編の書物には、一五郎自身の著作は一編も含まれていないが、桜田事件以後に記された「遺書」や遺詠、手記等は別として、他に著作として伝承されているものは、僅かに水戸市立図書館所蔵の『蓮田市五郎君詩稿―嘉永元年戊申』という詩集一冊が確認される程度である。嘉永元年といえば一五郎が十六歳の時に当たる。

しかし、右の一冊中の三分の一は、他の人との連作の詩で、一五郎の詩作は十一首程を数えるだけである。残りの三分の二は、実はよく検討してみると、藤田東湖の漢詩で、いずれも前

記の『聞見雑録』の中に収録されているものばかりであり、この部分の筆跡は、『聞見雑録』と全く同一筆跡である。

これは、藤田東湖の漢詩を、一五郎が『聞見雑録』とは別に筆写して置いたものと、一五郎自身の漢詩とが、のちに一冊に合冊され、外題《げだい》が付されたものであろう。

尚、三十六編の蔵書本を調べているうちに、一つの疑問にぶつかった。

それは、書物の末尾や表紙裏に、筆写に関する奥付や識語、所蔵者名が記されているものが、数冊存在するのであるが、その中の五冊に、

「貞勝」・「蓮田貞勝」・「蓮子貞」・「蓮貞勝」

という名前が記されていることである。

一五郎が、「貞勝」と称したことがあるのかどうか、その辺がどうも判らない。

昭和五十五・六年頃、ご健在だった蓮田美香氏やその兄で勝田市（現ひたちなか市）に在住された蓮田頼光

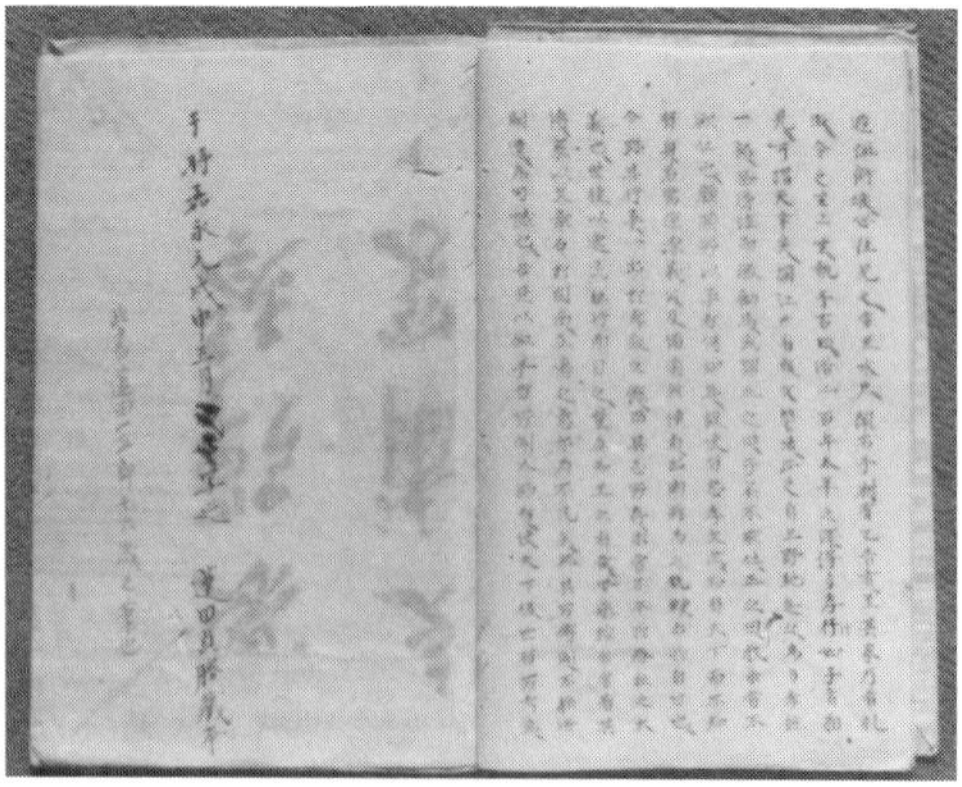

一五郎蔵書奥書「蓮田貞勝蔵本」

氏など、一五郎の子孫筋の方々に伺ってもみたが、判然としない。

一五郎の伝を記した書物や墓碑文等にも、全く記されていない。

従って、これらの署名のある写本は、一五郎＝貞勝ということが証明されない限り、一五郎の筆写したものだという断定は下せないが、しかし『高山正之伝』には、

「于時嘉永元戊申五月成童写之　蓮田貞勝蔵本」


とあり、そのあとに朱筆で「此書蓮田一五郎十六歳之筆也」と記されている。

この朱筆の部分は、奥書署名の部分とは筆跡もやゝ異なり、一五郎自身が書き加えたものか、あるいは遺族の方によって書き加えられたものか判らないが、「一五郎＝貞勝」の一つの裏付けとなるものではなかろうか。

さらに、「貞勝」および同種の奥書署名のある五冊本のうち、三冊には、「嘉永元年」と年紀が付されている。

これは一五郎が「十六歳」の時にあたるので、「貞勝」の称を一五郎が使ったとした場合、十六歳前後の僅かな期間だけ使ったのではないか、とも考えられる。

とにかく、読書のための灯油や筆写の紙や筆墨にも困窮していた一五郎が、右に述べてきたような学問をしていたことは、注目すべきことであろう。

四　「桜田門外の変」へのみち

(1)　江戸出府と母子の別れ

万延元年（一八六〇）の二月二十一日の夕刻、蓮田一五郎正実は、斎藤監物や鯉渕要人らと、水戸を発って江戸に向かった。

その一五郎の江戸出府時の様子について、次のような逸話が残っているという。

それは、「山内文書」（昭和五十年三月、『郷土文化』第16号に掲載）に収録された「桜田門外の変・水戸浪士妻子決別記」の一部で、一五郎と母の決別の場面が記されたものであるが、その「決別記」によると、一五郎が姉に対して、

「此度江戸表拠《よんどころ》無き用事にて罷《まかり》出づべき事出来候間、今三十日計、母様介抱《かいほう》願い上げ奉り候」

と頼んだところ、これに答えて姉は、

「我々の内にそれ相応《そうおう》の用事もこれあり、五・六日の間勤むれども、三十日間は勤めがたし」

と断ったため、姉弟で押問答をしていた。

すると、母がこれを聞きつけて、二人を側へ呼び「何を問答しているのか」と尋ねた。

そこで一五郎が、「自分の留守中お姉さんにお世話になったので、その礼を述べていたところです」と答えると、母は、

「我今其様子を聞くに、江戸表に行くに付き、又々姉に跡を頼むの問答、江戸表へ行かん事は、井伊掃部頭《かもんのかみ》が首、打取らん為也。此母が何もかも承知、隠す事なく申せ」

と問い詰めたので、一五郎は仕方なく逐一事の内容を打ちあけた。すると母は言葉をつづけ、

「若《も》し万に一つも掃部頭が首討《う》ちなば、其名を日本国中弘まって末代に残らん事疑なし。此度其方を勘当《かんどう》いたすなれば、早々掃部頭首《くび》を打ち取るべし。討果《うちはた》す上勘当許《かんどうゆる》さん」

と云い、下着、小袖一枚、それに金三両を遣わし、

「是れ路銀《ろぎん》として、勘当の印《しるし》なり」

と申し渡したので、一五郎は平伏してこれを受け取り、別れを惜しんだ。

さらに母は言葉を続けて、

「早々掃部頭が首打取り、急ぎ(急《きっ》とヵ)我名穢《けが》す事勿《なか》れ。勘当致せし上は早々立行くべし」

と云うので、

「一五郎涙ながら路《みち》を忍び、母をおもいて別れのつらさは静々と我家を出でて、長岡さしていそぎける」

この様に記されている。いかにも気丈な母親の言葉、まさに物語としては感動の場面である。ところが、桜田一件後に書かれた一五郎自身の「遺書」と照らし合わせてみると、かなり様子が違っていたように思える。

「遺書」によると、時候の挨拶に続いて、桜田一件の様子及び一挙に至る理由などを詳細に報じ、次いで、これまで二十八年の生涯にわたる母の恩愛に感謝すると共に、先立つ不孝を心から詫びているが、その次の文章が、問題を解く鍵となる一文である。

「一昨年より御国難打続き、始終御心配の中ニ、此度之次第御聞遊され候てハ、如何許《いかばか》りの御悲歎やら御察し申上奉るも、実に恐多く奉レ存候。**宿元出立《やどもとしゅったつ》の砌《みぎり》、前文之次第一言も不二申上一、ろくろく御いとま乞《ごい》も不レ仕罷出《つかまつらずまかりいで》、さぞさぞ御腹立せられ候半と奉レ存候**」

——家を出るに際して、井伊大老要撃に参加するに至った事情を一言も告げず、また別れのご挨拶も満足にせずに出発しまして、母上はきっと腹を立てゝおいでのことでしょう。

「私儀も今更千非《せんぴ》後悔仕候事ニ御座候。**尤其節意味申上候ハヾ、御悲歎の余り如何なる思**

召ニならせられ候半哉と存上候まゝ、不㆓申上㆒《もうしあげざる》事ニ候得バ、其罪も御許シ遊され下さるべく候」

――私も大変そのことを後悔しています。しかしその折に、詳しい事情をお話すれば、それこそ想像もつかないほどの悲しみに沈まれ、どんなことになるか、わからないと思いましたので、一切申し上げない方が良いと思ったわけです。従って、何も申し上げず出発した罪もお許し下さることでしょう。

と、この様に一五郎は記しており、前掲の「決別記」の記事とは、ずいぶん内容が違う。話の内容としては、「決別記」の方が感動的で、如何にも烈士の母親に相応《ふさわ》しい言動であり、母子決別の場面としては壮絶であるが、「遺書」に記された一五郎の心遣いこそが、子としてきわめて自然な情であり、真実の姿なのではないだろうか。

母が三十歳余りにして夫、即ち一五郎の父と死別し、言葉に尽くし難い苦労の連続、そして、「誠に男子とてハ私壱人なるを、千辛万苦して成長セシメ、やうやう三四年この方、少しハ御安心之御廉《おんかど》も有㆑之様《よう》」

と思っておりましたのに、この様なことに相成り、その悲歎さを推察するのも実に恐れ多いことです。という涙ながらの述懐がそれを裏付けている。子として、敬愛する母を残し、男児として国事に殉じて行った一五郎。その胸の内では、すさまじい葛藤が演じられていたに違いない。

とにかく、一五郎は母にも真意を告げずに家を出て、斎藤監物らと二月二十一日の夕刻、水戸を発って江戸へ向かったのであった。

(2) 井伊大老要撃直前の準備

さて、話はいよいよ大詰の「桜田門外の変」に至る。

まずは、井伊大老要撃計画の直前の準備情況について、その概況を記しておこう。

万延元年(一八六〇)二月二十五日に江戸に到着した金子孫二郎は、二十六日に単身、三田にある薩摩藩邸内(東京都港区芝三丁目)の有村宅へ移り、そこで協議・打ち合せが行なわれた。

その結果、有村兄弟のうち兄の雄助兼武《ゆうすけかねたけ》は金子らと共に大坂で挙兵し、弟の次左衛門兼清《じざえもんかねきよ》が、薩摩からただ一人、同志として大老要撃に加わることが決まった。

そして三月朔日に、日本橋西河岸(呉服橋の近く)の山崎楼《やまさきろう》に十数名が会合(斎藤監物は出席したが、一五郎は出席しなかったようである)し、要撃の期日・場所と部署が決定された。

◆要撃決行日 ＝ 三月三日上巳《じょうし》の日(桃の節句)

◆要撃場所＝江戸城の桜田門外（外桜田門）
◆要撃員操縦者＝関鉄之介　◆要撃人員＝十八名、他に予備要員や見届役等数人。
◆自訴状提出と要撃趣旨の弁明＝斎藤監物
ということで、更に「五箇方略《ごこほうりゃく》」という規約が定められた。
一、武鑑《ぶかん》ヲ携《たずさ》へ、諸家ノ道具鑑定《かんてい》ノ体《てい》ヲ為スベシ。
一、四・五人宛組合、互ニ応援スベシ。
一、初メニ先供《さきとも》ニ討掛《うちかか》リ、駕籠脇《かごわき》ノ狼狽《ろうばい》スル機《き》ヲ見テ、元悪《げんあく》ヲ討取《うちと》ルベシ。
一、元悪ハ十分討留《うちと》メタリトモ、必ズ首級《しゅきゅう》ヲ揚《あ》グベシ。
一、負傷スル者ハ自殺、又ハ閣老ニ至テ自訴ス。其余ハ皆京都ニ微行《びこう》スベシ。
次いで翌二日、つまり要撃の前日に、要撃員の関鉄之介ら十六名と、他の役目をもつ木村権之衛門・野村彜之介・佐藤鉄三郎の三名の計十九名が、品川の妓楼《ぎろう》相模屋《さがみや》（土蔵相模《どぞうさがみ》、京浜急行北品川駅の近く）に集まり、日暮頃から訣別の宴を張った。

尚、計画総指揮者の金子孫二郎、明日の愛宕山集合先発隊の増子金八。及び薩摩の有村兄弟は欠席したという。

夜更けに相模屋を出た一行は、同じ品川の稲葉屋（場所不詳）に集まり、ここで最終的な部署が決定された。
(1) 各自の所持品——懐中書（斬奸趣意書）と金子《きんす》三両（満たない者には補充分配）
◆なぜ三両もの金を懐中に入れたかというと、若し討死したとき、懐中に無一文では、貧しさのために、金が欲しくて行列を襲ったのではないかと非難されては困るので、そこで金子三両を所持することになったという。
(2) 同志の合言葉は、「正《せい》」と呼べば、「堂《どう》」と答えることに決まった。
(3) 最終的な部署陣容
指揮＝関鉄之介、検視見届役＝岡部三十郎、斬奸趣意書上書役＝斎藤監物
前衛攻撃＝森五六郎
右翼攻撃［佐野隊］＝佐野竹之介・大関和七郎・広岡子之次郎・海後磋磯之介・森山繁之介・稲田重蔵
左翼攻撃［黒沢隊］＝黒沢忠三郎・山口辰之介・増子金八・杉山弥一郎・有村次左衛門（薩摩藩士）
同［斎藤隊］＝斎藤監物・鯉渕要人・広木松之介・蓮田一五郎・岡部三十郎
と、以上の様に、同志十八名の部署が決まり、一五郎は斎藤隊に属し、行列の左翼（松平大《おお》

隅守《すみのかみ》邸側）から攻めかかる手はずとなった。

あとは愛宕山への集結を待つのみ。夜明けも近い江戸の街。いつしか雪が降りだしていた。

桜田烈士集合場所の愛宕山階段

五　「桜田門外の変」

明けて旧暦三月三日(新暦3／24)、江戸は珍しく季節はずれの大雪だった。まずは降りしきる雪の中、先発隊の大関・杉山・広木・増子・有村の五人が到着し、やがて他の同志達も三々五々、芝の愛宕山《あたごさん》・愛宕神社(港区愛宕一丁目)に集まってきた。

水戸脱藩の十七名(当日の早朝、除籍願書を小石川水戸藩邸に提出)と薩摩藩士一名の、計十八名全員が初めて顔を合わせ、勢揃いした。

愛宕山への集結時から、桜田門外の大老要撃に至る様子については、要撃参加者の種々の手記・記録や第三者の見聞記などいろいろあって、必ずしも一致しないが、こゝでは、本書の主人公蓮田一五郎が書き記した＊「手記」によって、当時の模様・情況を再現して

桜田烈士愛宕山遺蹟碑
(愛宕神社境内)

みよう。

尚、読者が理解しやすいように、一部を除いて現代語に訳して記すことにしたい。

（＊「手記」は、故蓮田頼光氏蔵複写本、蓮田捷氏蔵写本、『勤王文庫』／「幽囚筆記」、『水戸藩史料』／「囚中筆記」、『野史台、維新史料叢書三十三雑一』／「幽囚筆記」等に収録されている。また『桜田義挙録』には全文ではないが「評定所吟味書」という名称で紹介されている。ただし、この一五郎「手記」の原本の所在は明らかでない。）

さて、一五郎の手記によれば、

「三日朝、六時過ぎに宿を出て、芝愛宕山で各々支度をした。下駄《げた》をはきカサをさしている者もいれば、股引《ももひき》、草鞋《わらじ》の者もおって、思い思いの身仕度であった。

そして四・五人ずつ組になって山を下り、桜田門外に着いたのは、八時頃であった。

明け方の空からは雪が降りしきり、風景はまことに素晴らしい。数人ずつあちこちに行き来したり立ち止まったりしていても、雪見の客そのもので誰も怪しまない。実に天が我々

江戸城桜田門外
（この手前付近が要撃場所）

に味方し、襲撃を成功させてくれるかのようであった。

待つこと一時間ばかり経った頃、赤鬼《あかおに》（井伊大老）が、従者五十人ほどを伴って駕籠で屋敷を出て来た。

間もなく距離が縮まった。そこですかさず、それぞれカサを捨て、羽織をぬぎ捨て、、討って出た」

実はこの時、同志の誰か（森五六郎説と別人説とがある）によって短銃が一発放たれ、それが合図となって一斉に討ちかかったと言われている。一五郎は続いて次のように記している。

「先方、すなわち井伊の従者達は、雨具を着たまゝ切りかかる者もあり、雨具を脱いで切りかかる者もあったが、戦はほんのしばらくの間で、遂に井伊の首が切られ、一面に降り積もったまっ白な雪は、流れ、飛び散る鮮血で真っ赤に染まった」

行列の供先が乱され、直弼の従者達がそちらに走ったため、駕籠脇が、にわかに手薄となったところを、稲田重蔵、広岡子之次郎、有村次左衛門らが走り寄り、刀を突き入れ、直弼を引き出して首を切り落としたという。

この三人のうち、誰が実際に首を切ったのか、明らかではない。

一五郎が、のちに細川邸預かり中に描いたという「桜田事変図」には、稲田重蔵が駕籠脇で刀を逆手《さかて》に持ち、直弼の首らしいものを切ろうとしている場面が描かれているが、実は一五郎もその瞬間を実見していたわけではなく、他の処で斬り合っていた。

彼の手記からも、自身が無我夢中で他人の状況など冷静に見極める余裕などなかったことが読み取れるので、果たして稲田重蔵であったかどうか明らかではない。

しかし、その可能性のある最も近い位置に稲田がいたことは、確かなようである。

又一説には、有村次左衛門であったとも言われている。

さて、その後、

「有村次左衛門が、切先に直弼の首を突き差し、何やら薩摩言葉で、高らかに歌いながら、辰ノ口《たつのくち》方面をさして歩いていった。そこで、同志の面々はお互いに『しめたり』と言い合いながら、それぞれ刀を鞘《さや》に納め、思い思いに現場を離れて行った。

あゝ、長い間の積り積った念願が、一朝にして春の雪と共に消えていったのだ。まことに愉快ではないか。愉快ではないか」

こうして、井伊大老要撃の計画は達成された。しかし一五郎はこの要撃について、手放しでは喜んでいない。味方の犠牲も大きかったし、特に大切な事後の処理に欠けるところがあった。

一五郎はこれらの事について、厳しい反省と批判を書き記すことを忘れなかった。

（『維新前史・桜田義挙録』より転写）

「斬奸《ざんかん》の仕組《しくみ》や約束などは、充分にきまっておらず、互いに同士討ちをやって、ケガをした者が非常に多い。私も増子金八と戦ってしまった」

もちろん合言葉は「正」と「堂」と決まっていたし、隊もそれぞれ分担され、「はちまき」も絞めることになっていたようである。

しかし、いざ斬り合いが始まれば、もう夢中になってしまい、芝居や映画・テレビに出てくるように、いちいち「正」「堂」などと声を掛け合う暇も無かったろうし、「はちまき」だって全員はそろっていなかったらしい。

その上、同志十八名全員がそろって顔を合わせたのは、当日の朝の愛宕山が初めてであった。これでは、同志討ちとなってもやむ

「桜田事変図」　蓮田一五郎画（細川家預中）

を得まい。

従って、襲撃の仕方としては、決して当を得たものではなく、必然的に勝利を確信させるものはなかったと言ってよい。

にもかかわらず、事が成就し、成功した要因は何であったか。

それは「雪」である。

井伊家の従者達は雨具〈江戸城内まで近距離で、雪であるから、袖合羽《そでがっぱ》のような本格的雨具ではなく、一般には下級武士用である桐油《とうゆ》合羽〈赤《あか》合羽《がっぱ》〉等を使用か〉を着用し、それぞれ腰の刀には柄袋《つかぶくろ》をかぶせ、ひもでしばっていた。

そのため咄嗟《とっさ》に抜刀できなかった。

これが井伊家側の敗因である。

一五郎が「実に天の助て討たしむる所以

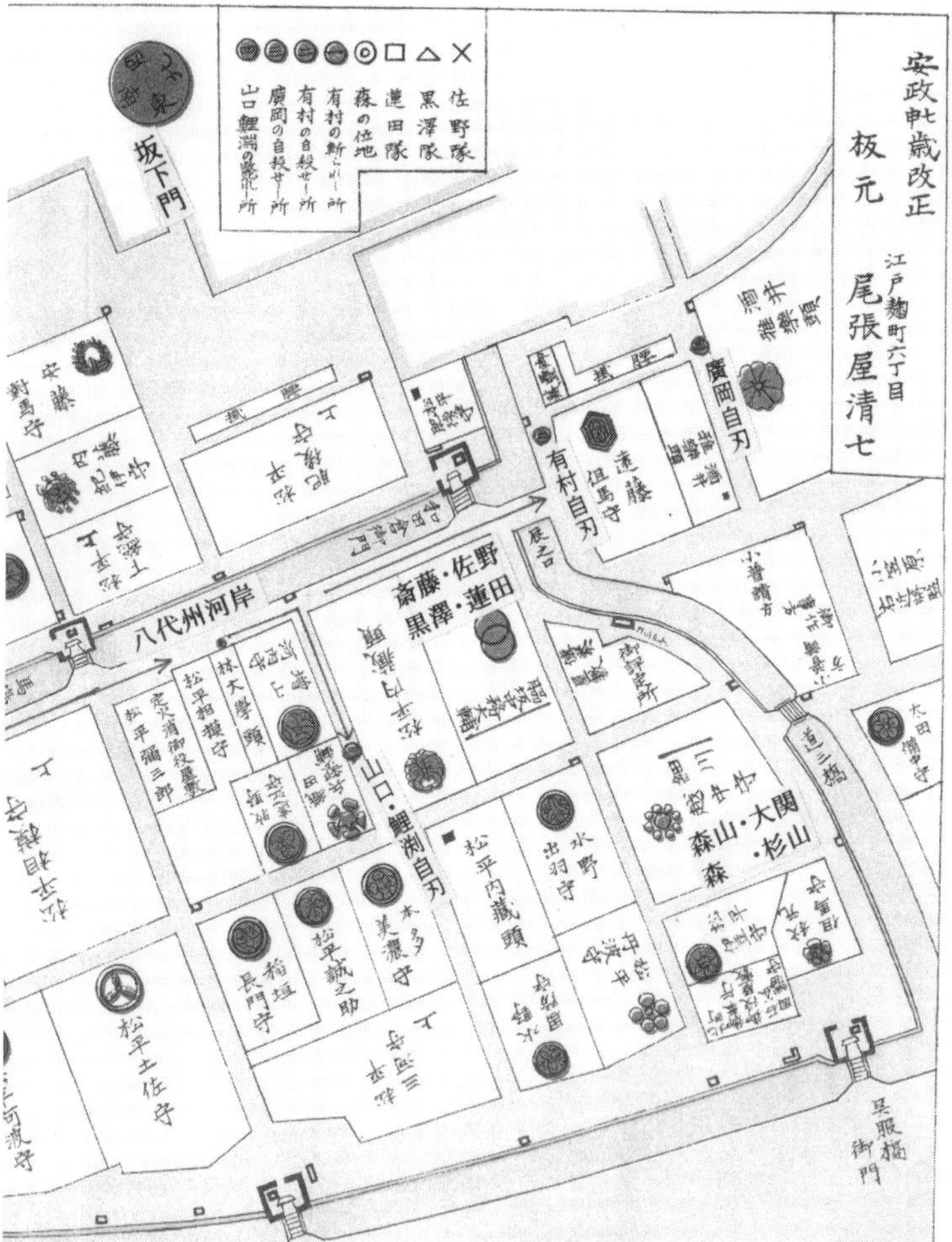

「桜田門外の変」現場関係図
（『桜田義挙録』より採録・一部加筆）

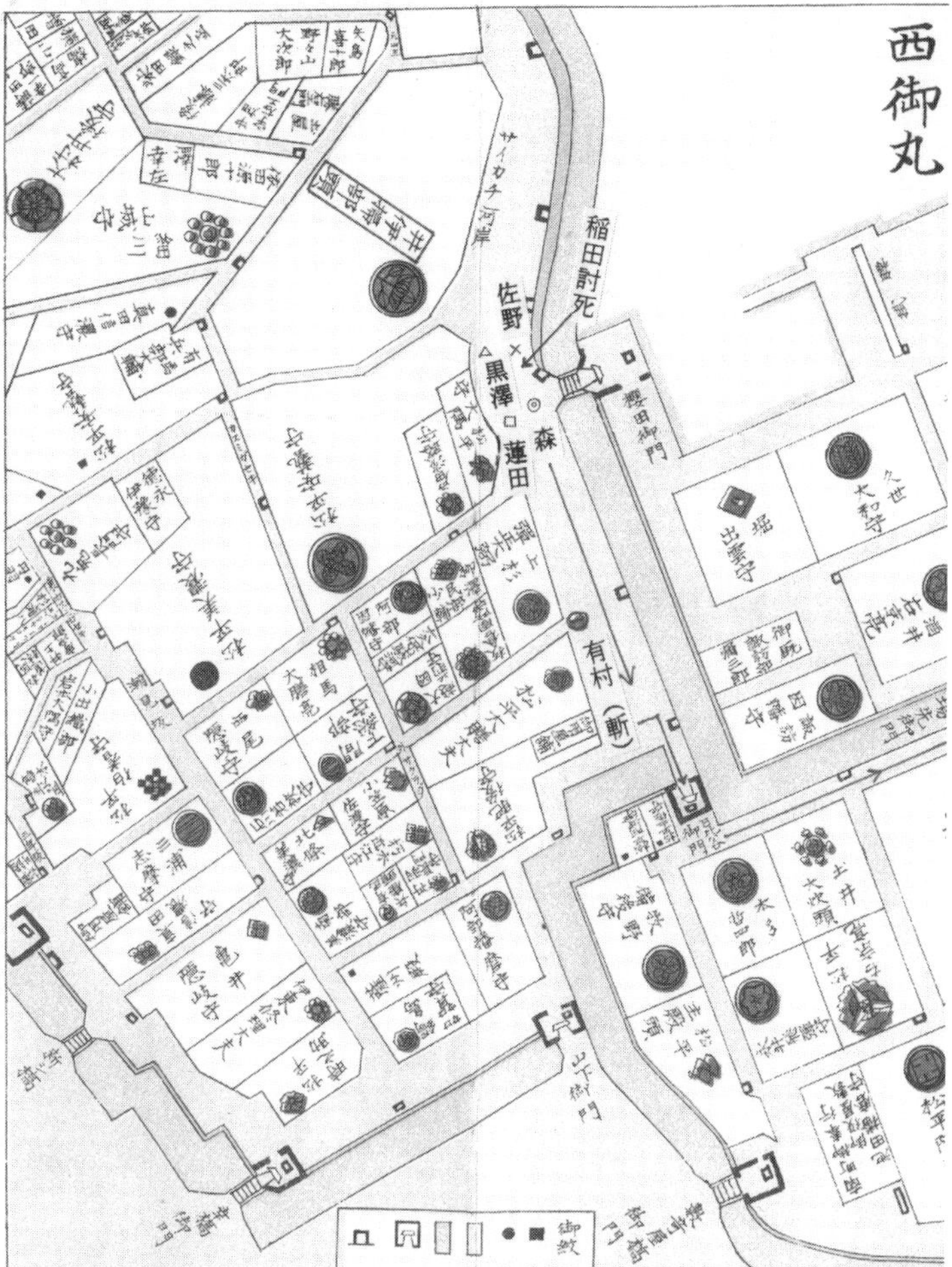
西御丸
稲田討死
佐野
黒澤
森
蓮田
有村
(斬)
サイカチ河岸
井伊掃部頭
桜田御門
山下御門
御紋
御上屋鋪
御中屋鋪
御下屋鋪
道路橋
川堀池
見付
辻番

か」と書いているように、雪はたしかに水戸要撃隊に味方した。

季節はずれの雪見、大名行列の見物、カサをさし、雨具の笠をかぶって面体を隠していても、誰も怪しまない。降る雪の中、井伊家の従者達の警固の目も、四方に行き届かない。

そしていきなり仕掛けられた奇襲攻撃。慌て、斬り合いが始まった前方に従者達が走りだす。主人の駕籠脇は手薄になる。雪による思わぬハプニングが、事の成否を決定したのであった。

一五郎は続けて、当時の模様を生々しく述懐している。

「戦いは気をもって主となすというが、まことに真実だ。刀を抜いてからは、間合《まあい》（自分と相手との距離）もわからず、只無二無三。眼の前はうす暗くぼんやりしてくるし、心はもう夢中。まったく試合稽古とは違うものだ。

従って、このような大事を成し遂げようとする時には、大将たる者を一人たて、おいて、一から十までその人の指揮に任せ、戦闘中も、本懐をとげて引き上げるときも、すべてその人の指揮によらなければ、結局、やる事がバラバラになってしまう。

まして、『斬奸趣意書』持って自訴するに当っては、各自がそれぞれ行うのではなく、大将たる者一人で引き受け、申し開きをしなければ、その人その人の話の上手《じょうず》、下手《へた》によって論旨もまちまちになってしまう。

昔、赤穂の四十七士が吉良氏を討った時は、大石内蔵助が一人で、事実を申し述べたように覚えている」

と、一五郎はかなり厳しく情況を分析し、反省するのであった。

この辺にも、『赤穂四十七士伝』を筆写し、勉強していた一五郎の面目がよく表われている。

六　変後の同志の動き

さて、事変後の水戸烈士達の動きであるが、本望を達した上は、元気な者は一同揃って、老中の内藤紀伊守信親《のぶちか》（越後村上藩主）の屋敷へ自訴する約束まであったというが、それを知っている者もあれば、知らなかった者もあり、また内藤の屋敷もどこにあるのか、ほとんど知っているものがなかった（内藤紀伊守の屋敷は、坂下門近くで、安藤対馬守信正の屋敷の隣にあった）。

そうしたことから、いろいろな混乱も起こったようである。

結局、一五郎は数名の同志達と、和田倉門《わだくらもん》東、辰ノ口にある脇坂中務大輔安宅《わきさかなかつかさおおすけやすおり》（播州竜野《たつの》藩主）の屋敷に自訴したが、一五郎が見聞・記録した途中の様子を紹介するのは、この際省略するとして、十八名の同志＝水戸と薩摩の烈士の動向をまとめてみよう。〔　〕内は当日以後の最終的情況である。（　）内の年齢は『勤王実記／水戸烈士伝』の記事による。但し諸説あり。

◎桜田門外の現場で討死——稲田重蔵（47歳）

◎辰ノ口北側の若年寄遠藤但馬守《たじまのかみ》邸前の辻番所《つじばんしょ》で自刃——有村次左衛門（薩摩藩士・23歳）

◎辰ノ口更に北寄りの姫路藩主酒井雅楽頭《うたのかみ》邸近くで自刃――広岡子之次郎（19歳、23歳説有り）
◎八代州河岸《やよすがし》自刃（東へ入った松平内蔵頭《くらのかみ》宅前）――山口辰之介（29歳）・鯉渕要人（51歳）
◎細川越中守邸自訴――森山繁之介〔文久元年7月刑死、26歳〕・大関和七郎〔同上、26歳〕・森五六郎〔同上、23歳〕・杉山弥一郎〔同上、38歳〕
◎脇坂中務大輔邸自訴――斎藤監物〔3／8で細川家で傷死、39歳〕・佐野竹之介（3／3傷死、22歳）黒沢忠三郎〔7月傷死、33歳、22歳説〕・蓮田一五郎〔文久元年7月刑死、29歳〕
◎現場離脱、各所潜行――広木松之介（文久2年3月切腹、25歳）・増子金八（明治14年病死）・海後磋磯之介（明治36年5月病死）
◎現場離脱、各所潜行　関鉄之介（文久2年5月刑死、39歳）・岡部三十郎（文久元年7月刑死、44歳）
要撃見届役――野村彝之介（明治21年病死）・木村権之衛門（文久3年病死）
大坂潜行――金子孫二郎（文久元年7月刑死、58歳）

七　一五郎の脇坂邸自訴と評定所訊問

(1)　脇坂邸自訴と諸家預け替え

桜田の現場を離れた時、一五郎は森・大関・森山・杉山ら四人と歩いていた。ところが途中で、うしろの方から呼ぶ声が聞こえたので立ち止まって見ると、斎藤監物・佐野竹之介・黒沢忠三郎らの三人で、かなり負傷しているらしい。

そこで一五郎は、同行者四人と別れ、斎藤らのところへもどってみた。斎藤は大変な深手で、歩くのさえやっとの様子だった。他の二人も傷を負っていた。

一五郎は斎藤らを助け、八代州河岸《やよすがし》（現在の皇居前日比谷通りに面した馬場先濠《ぼり》から和田倉濠への辺り）を経て、辰ノ口《たつくち》（和田倉門から東京駅へ向かう曲がり角付近）までやってきた。

そこから更に田安《たやす》家（現在の日本武道館の北側）まで行って、「斬奸趣意書」を呈出したいと考えたが、斎藤が深手のため体が弱り、これ以上の歩行は無理と判断し、和田倉門外辰ノ口にある脇坂中務大輔邸へ、四人で自訴して出た。

脇坂家では、しばらく待たされたが、やがて玄関へ通され、家老級の人物三人からいろいろと尋ねられた。一五郎は懐中から趣意書一通を取り出して呈出した。

その後、八ッ時頃（午後二時頃）になって、それぞれ傷の治療を受けることになった。

一五郎は、右の肩に二寸（約六cm）、腕に三寸（約九cm）ほどのケガをしていたため、二針ないし三針ほど縫った。

当初、一五郎は治療を受けずに腹を切ろうとした。ところが他の同志達が、それを止めて、

「従容《しょうよう》として死に就《つ》くべきではないか」

と諌《いさ》めたので、一五郎もやむを得ず切腹を思いとどまったという。

尚、この日の要撃に、一五郎が使用した刀について、次のような記録が残されている。

「評定所にて人々所持の刀御改《おあらため》ニ相成候節、名前書を添へ出し申候内ニ、有銘《ゆうめい》の新刀、又ハかさねあつき打をろしの豪刀《ごうとう》も有レ之《これあり》候へ共、多くハ曲《まが》り反《そ》り、或ハ刃《は》こぼれ、跡《あと》の益《やく》ニ立不レ申《もうさず》、其中に肥前忠《ひぜんただ》よしの銘《めい》御座候刀ノミ、柄《つか》まで血に染み居候へ共、刃先其外何の子細も無レ是《これなく》、蓮田市五郎の帯《お》ぶる所なり」

（笠間藩士棚谷善庵の亀井亨二郎宛書簡、東大史料編纂所蔵）

どんな由来で、一五郎の差し料となったのか判らないが、亡き父栄助の形見だったのであろうか。「肥前忠よし」の銘刀（肥前刀、代々「忠吉」の銘）、一五郎と共に存分に働いたらしい。

やがて、当日三日の夕暮れ近く、一五郎ら四人は、はじめ北町奉行石谷因幡守《いしがやいなばのかみ》邸へ引渡される旨の申渡文を受けたが、続いて細川越中守へ御預けとなる旨の申渡しがあった。そして道路一つ隔てた筋向かいの細川家から、受取の役人が部下を大勢引き連れてやってきて、引渡された。

しかし、佐野竹之介は相当な深手であったようで、遂に脇坂家において亡くなってしまった。二十二歳の若さであった。

翌四日からの数日間の動きについては、一五郎の手記をもとに、日記風に綴ってみよう。

▼三月四日　大関・森・杉山・森山の四人が、すでに同じ細川家に自訴してきて、預かりの身となっている由を付人から聞いた。囚《とら》われている座敷が離れていて、その同志達に逢うことはできないが、同じ屋敷内にいると思うと、ゆかしさも一入《ひとしお》であった。

▼三月五日　黒沢・大関・森・杉山・森山ら五人が評定所へ出た。斎藤監物と自分は呼び出されなかった。（註、評定所は、脇坂家の北側・細川家の西側にあった。）

▼三月七日　五人と自分（一五郎）がそろって評定所へ呼び出され訊問を受けたが、斎藤は重傷

のため出られなかった。

▼三月八日　朝四ッ時（十時頃）、斎藤は傷がもとで、遂に落命した（39歳）。

（斎藤監物は、一五郎が最も信頼し、師とも仰いでいた人物である。）

▼三月九日　夜、六人共に御預け替えになった。自分は、八丁堀の本多修理之介《しゅりのすけ》の家来宅に預けられた。――これは一五郎の記憶違いで、実は近江膳所《ぜぜ》六万石の本多主膳正《しゅぜんのしょう》の江戸藩邸であった。本多家では非常に厳重な警戒で、四方に二重格子が作られ、部屋の仕切襖《ふすま》を合わせれば、三囲《みかこい》になる。役人は、下役までいれて十人ばかりの者が、日夜守衛した。

これより、一五郎は四月二十日頃まで、二ヵ月余りの間（三月が約二十日間、次に閏三月があって一ヵ月、四月が約二十日間、おおよそ七十日間ということになる）本多家に預けられていたのであったが、本多家としてもこれは大変なことで、井伊家の家来が激昂して、水戸浪士を狙っているという噂もあり、警戒を厳重にしなければならなかった。

のちに明治時代になって、『桜田義挙録』の著者岩崎鏡川《いわさききょうせん》（英重）は、膳所《ぜぜ》藩（本多家）出身である杉浦重剛《しげたけ》を通じて、事件当時、一五郎の警護のため、膳所から出府を命ぜられ、その任に当った横江九十郎や江戸詰仲間の中井源吉らの「談話筆記」（蓮田市五郎警護の事）を入手し、『桜田義挙録』に収録しているが、それによると、本多家江戸藩邸の大書院に「揚《あが》り屋《や》」として二重格子の牢を造り、そこに収容したという。

そして、警護には、上番《じょうばん》(馬廻中小姓)、中番《ちゅうばん》(足軽)、下番《げばん》(仲間・小使)の番士が当り、食事は二汁五菜、衣類は黒羽二重《くろはぶたえ》仕立《したて》の着物が与えられた。この羽二重の衣服についても、本多家では非常に気をつかって、充分に火に焙《あぶ》って生地質《きじしつ》を弱くし、三四日で破れてしまう位にし、たびたび新調した。理由は、自殺を防ぐためであったという。

また「談話筆記」には、一五郎の体格や性格などが、次のように記されていて興味深い。

「蓮田の人体は、中肉中背にて、性質は至極温厚沈着《おんこうちんちゃく》なり。学問思慮《しりょ》に富みたる風にて、年齢凡三十歳許と見受けたり」

さて、日記を続けよう。

▼三月十二日　評定所へ出頭したところ、塩漬《しおづけ》にされた四人の死骸を見せられ、自分に、それが誰であるか、姓名を言えと迫った。自分は顔をそむけるようにして、そっと覗いて見たが、日数も経っていたので、かなり容貌も変わってしまっていた。しかし一応は、山口辰之介、広岡子之次郎、稲田重蔵、鯉渕要人の四人であることが判った。

そして、この日も評定所での取調べ訊問《じんもん》が行なわれ、三月十九日にもう一度訊問を受けた。

(2)　一五郎の評定所訊問

一五郎は、七日・十二日・十九日の三回にわたる訊問の様子を手記にまとめて残している。評定所吟味役人は寺社奉行松平伯耆守《ほうきのかみ》、北町奉行石谷因幡守《いしがやいなばのかみ》、南町奉行池田播磨守《いけだはりまのかみ》（以上三名は、安政の大獄に於ける**評定所「五手掛《ごてがかり》」**の担当者で、厳罰論者）、その他、勘定奉行山口丹波守《たんばのかみ》をはじめ小役人に至るまで、大勢出席していた。

それぞれの訊問の問答を、現代語訳を交えながら記してみよう。

①播磨守《池田》「水戸殿家来**蓮田一五郎**、その方、この度同志の者と、御大老井伊掃部頭殿へ桜田に於て狼藉《ろうぜき》に及んだことは、場所柄は勿論、天下の執権職《しっけんしょく》に対し誠に恐入ったる儀である。しかし乍ら本望を達したのち、自訴に及んだことは神妙《しんみょう》の至りである。掃部頭殿へ狼藉に及んだのは、如何なる理由《わけ》あってのことか。委細包み隠さず申し上げよ」

一五郎「場所柄も顧みず、御大老へあの様な始末に及んだことは、甚だ以て恐れ多いことと存じます。

その理由、存意の事については、子細書面にて脇坂様へ差出してありますので、あれにて御承知下さるようお願い申し上げます」

②播磨守「なるほど書付には、種々書き記されてはいるが、あれでは、掃部頭を討ったる趣意が立たないように思える。いろいろと理由があるだろうが、そのうちで何が、大眼目であるか」

一五郎「仰せの如く、理由は沢山あります。それを端的《たんてき》に言いますならば、天下の御為《おんため》と思い討ちました」

③播磨守「左様か。それならば、其の天下の御為という趣意は何か」

一五郎「一々その箇条を申し上げては、憚《はばか》り多いことと思います。当時、御大老として、御政事向きすべてにわたって、執行《しっこう》されている井伊様の失政の条項を、当時の御重役様方が御列席の中で、いかに吟味取調べの場所とはいえ、軽輩の私ごとき者が、一々申し上げるということは、まことに恐れ多いことでございます。

どうぞこの点充分御賢察頂いて、呈出しました書付をもって、大略御承知願いたいと思います」

④播磨守「なるほど尤もな申立であるが、それでは其の方どもだけで申し合わせ、天下の御為に掃部頭殿を討ったということでは、名義《めいぎ》が立たないように思われるがどうか。

侍《さむらい》は主君の命を奉じて死んでこそ名義が立つものである。

直接ではなくとも、前殿《さきとの》（註、前藩主烈公）の思召とか、何かを聞き伝え、このたびの事に及んだのであろう。そうであれば、名義も立ち、その方どもも君命を奉じて死ぬのであるから、感心の至りということができる」

一五郎「これは思いもよらぬ御言葉です。主君の命を奉じて死することが、人臣の常道であることは、誰しも存じております。

もし前君の内命を受けて井伊家を討つということであれば、歴《れっき》とした立場の武士が喜んで参加し、また要撃の仕方も他に途《みち》があり、我々のような軽輩の出る幕ではありません。

また、前君の命を受けた水戸家の者共が、井伊家に意趣を持ち討ったというのであれば、どうして薩摩の有村などが、他藩の為に一命をすてて加勢するでしょうか。

一体、我が老公（註、烈公）は過激な行動をとる臣下を、みな厳しく教え諭されています。……しかし乍ら、只今掃部頭様を討たなくては、天下の為にならない、ということで、各々決心した次第でございます」

⑤因幡守《石谷》「播磨守が言うように、前殿の内命を受けるとか、掃部頭殿の御政事執行について、

前殿が常々悪み、近臣等へ話をされている心の中を汲み取って、行動に出たのであろう。そうでなくては、名義もさらに立たない。

其の方は、どんな罪名を着せられても、悔いはないのか」

一五郎「この度の一件も、たしかに名義が立たないと言えば、言えないこともありません。しかし今回の我々の行動によって尊王攘夷の大義が天下に明らかになれば、どうして名義が立たないと言えましょうか。

それなのに、前君の思召を汲み取《く　と》り、一件に及んだなどと仰せられるのは、恐れ乍ら何《いず》れも御役人様の御疑念と申すものでございます」

⑥因幡守「それならば、井伊殿を討ったことが天下の為だと、其の方は言うが、我々から見れば、随分と結構なる御大老と思うが、其の方はどうして悪く言うのか」

一五郎「恐れながら、一二件申し上げましょう」

▼通商条約を結んだことにより、天下の人民が難渋《なんじゅう》していること。

▼夷人《いじん》（ハリス）を江戸城に引き入れ、将軍との謁見《えっけん》を行なったこと。

▼親藩を遠ざけ、朝廷の意向を軽侮《けいぶ》したこと。

▼幼少の将軍を擁立し、自己の権勢を恣《ほしいまま》にしたこと。

▼万一、天皇を擁《よう》して天下に号令する者が出た時、幕府はどう対処するのか。
▼外国の野望は日本侵略にあり、こういう重大事にどう対処するのか。

「今、井伊大老を倒すことができれば、必ず天下の形勢も大きく変わるのであって、御役人様方も気を付けられ、尊王攘夷の大義を実践されるべきかと思います」

⑦伯耆守《松平》「天下の政治については、天下の御役人が有るわい。それなのに、さっきから其の方は、前君の思召を汲み取って、このたびの一件に及んだのではない、と言い張っているが、一味の佐野竹之介は、前君の小姓《こしょう》役を勤めていたので、当然竹之介を通じて、何か承《うけたまわ》っていたであろう」

一五郎「竹之介とは、二日の夜品川の妓楼《ぎろう》で初めて面会したので、前もって聞けるはずはありません。……皆様方は、前君の思召とか、何か理由がなくては名義が立たぬからと言われますけれども、前君老公の思召を汲み取ってなどということは、全く無いことであって、どんなに厳重なるお尋ねがあっても、これ以上は申し上げられません」

と、一五郎はきっぱりと言い切った。その為か、以後は、烈公に関することは一切訊問がなかったという。

一五郎は、以上のように三月七日・十二日・十九日と、三回にわたる評定所吟味の様子を事細かに「手記」に残した。その理由については、

「幕府の横暴は言うまでもないが、老公へすべての罪を着せようという役人の魂胆《こんたん》が目に見えているので、もし万が一自分が死んだのち、誰かが、これは老公の思召し、内命より出て討ったのだ、などと言う者が出てきて、偽《にせ》の口書《くちがき》などを書かれたら一大事。

万一そういうことが起こってきたならば、きわめて遺憾なことで、私の死んだ後でも、なお私の罪は残ることになる。

そこで、評定所での論弁の大意を記しておこうと思ったのであるが、老公の御事については、たとえ私が斬刑に処せられたとしても、事実無根のことは、何も言えないのである」

と、「手記」を残した理由を明確に書き記し、そして最後に、

「時に艶陽《えんよう》三月二十二日、本多家獄中に書す」

と結んだのであった。その後、三月二十七日にも評定所へ呼び出されて出廷したが、その時の訊問内容については、手記・記録がない。

八　母姉宛の血涙の「遺書」

三月末には、一通り訊問も終り、近いうちに処刑されるだろうと覚悟した一五郎は、月が改まった閏三月朔日、牢番の好意で差し入れられた矢立を使って、人目を忍び一字一字心をこめて、母と二人の姉宛に「遺書」を書き綴った。

遺　書

（段落、訓点、ルビ、一部の濁点・漢字変換は、筆者施す）

一筆申上奉《たてまつ》り候《そうろう》、この比《ごろ》やう〳〵天気もつゞきのどやかに罷成《まかりなり》候処、まづ〳〵御母様御姉様御揃《そろい》遊バし御きげんよく御座遊され、まことにまことにめで度《たき》御事に奉レ存《ぞんじたてまつり》候。

扨《さて》私事去月三日之朝、同志之もの都合十八人申合セ、御大老井伊《いい》掃部頭《かもんのかみ》を討留《うちとめ》、夫《それ》より御老中脇坂殿へ自訴（に）及び、其夜細川家へ御預に相成、同九日之夜、本多修理《しゅり》之《の》介《すけ》殿（実は、本多主膳正《しゅぜんのしょう》）へ御預替《あずけがえ》に相成、今日迄日《ひ》を送り申候。

かね〳〵御承知被レ為《あらせられ》在候通り、井伊家ハ天下のかん《（奸）》臣にして、御家へハ尚更仇敵《きゅうてき》也。

一昨年より御家臣にハ安島帯刀《あじまたてわき》様茅根《ちのね》先生を始として、天下有名の人々むじつ《（無実）》の罪にて死罪に行ハれ、或ハ苦心の余りせつ《（切）》腹仕《つかまつり》、或ハ獄中にて枉死《おうし》シ、或ハ遠キ嶋え流さるゝもの等出来候も、全ク井伊家の所為《せい》なれば、天下の御為、此度私儀討手《うって》之人数え加り、本望を達候段、まづ〳〵けなげなる致方と御よろこび下さるべく候。

其場の働ハ随分人ニハ劣り申さぬ様覚《おぼえ》まゐらせ候。手疵《てきず》ハ右之かた《（肩）》二寸、同うで《（腕）》三寸二ケ所、何レも今ハ平癒《へいゆ》仕候。最早せんさくもあら〳〵きわまり候得ば、近々御仕置《おしおき》ニ逢《あい》候事と奉レ存候。二十八ケ年の御鴻恩《こうおん》、露塵《つゆちり》報ひ奉らず、先立《さきだつ》不孝ハ如何様《いかよう》存上候而《て》も、只今致方もこれなく恐入候儀ハ申上る迄も無二御座《ござなく》一、何卒《なにとぞ》〳〵御ゆるし下され候様ねがへ《（マヽ）》上まゐらせ候。

つらつら御身の上を勘考《かんこう》仕候ニ、御母様ほど終身いんが《（因果）》なる御方ハ、世間ニハあまり御座有《ある》間敷《まじく》、御年みそじ《（三十路）》あまり御父様ニ御わかれ遊バし、大勢の兄弟共御独《おひとり》して御ようい く《（養育）》遊バし、其内度々の不幸かた〴〵御苦心のみ遊され候事、言の葉に難レ尽《つくしがたく》、誠ニ男子とてハ私壱人なるを千辛万苦《せんしんばんく》して成長セシメ、やうやう三四年この方、少しハ御安心之御廉《おんかど》も有レ之様《これあるよう》と奉レ存候。

右の処、又々一昨年より御国難打続き、始終御心配の中ニ、此度之次第御聞遊され候てハ、如何計《いかばか》り之御悲歎《ひたん》やら御察申上奉るも、実に恐多く奉レ存候。

宿元《やどもと》出立の砌《みぎり》、前文之次第一言も不二申上《もうしあげず》一、ろく〳〵御いとま乞《ごい》も不レ仕罷出《つかまつらずまかりいで》、さぞ〳〵御腹立せられ候半《そうらわん》と奉㆑存候。私儀も今更千悲《(ママ)》後悔仕候事ニ御座候。尤其節意味申上候ハヾ、御悲歎の余り如何なる思召ニならせられ候半哉と存上候まゝ、不㆓申上㆒事ニ候得バ、其罪も御許シ遊され下さるべく候。

私身分の儀は最早致方《いたしかた》も無㆓御座㆒候。今日之内にも御刑《ごけい》まつ迄ニ而《て》大半はりつけにかけらるゝ事と存居《ぞんじおり》候得バ、とても返らぬ事ゆへ思きり遊バし、御姉様へよき婿《むこ》御取遊バし、私と思召御一生を御くらし遊さる外、有㆑之間敷《これあるまじく》と奉㆑存候。

くり返シ考見候ても、人の一命ハかぎりあるものと相見へ申候。死すべき時いきるもあり、又生《いく》べき時死るもありて、私杯《など》御さき立《だち》申すも仏家《ぶっけ》に而《て》申サバ先世之《せんせの》約束ごとにて、これがいはゆる天命と申ものニて候哉と奉㆑存候。さもなくて人間の一命が、よふい《容易》に捨らるゝものニハ無㆓御座㆒候。

私儀昨十月中大病相煩《あいわずら》ひ候節、相果候ハヽ、此度の一事え出る事能ハず、病死するより天下の為死するこそ本望なれと、却而《かえって》御心をきりかへされ、且《かつ》人世界の常なきを御さとり遊バし、どの道御あきらめのほど、くれ〳〵もねがへ《(マヽ)》上まゐらせ候。

▼一御姉様え申上候、是迄うみ《(海)》山の御恩をかふむり有がたくぞんじ上まゐらせ候。
一生之内ニハ、いつしか御おん返シ可㆑仕《つかまつるべし》と存居候処、今般之次第ニ而御恩返シ所ニハ無㆑之、

思ひ懸《がけ》ざる悲歎ヲ相懸ケ甚恐入候事ニ御座候。

　最早私身の上ハ致方も無レ之、此上ハ第一御母様之御事大切ニ御座候。私儀ハ御母様をふりすてケ様成行、不孝の上にも不孝を重ね何共《なんとも》申分無二御座一、不届ものめと御腹立せられ候半が、これも私の為ならず、君の為世の為なれバ是非なき次第と思召かへられ、是より別而《べっして》御心を尽され御母様え私の分まで御孝行御尽シ被レ下候ハヽ、たとへ私ハ死候而も草葉《くさば》の影《かげ》より御礼ハ申上候。

　御姉様の是迄御ゑんづき《縁付》遊バざるも只今にてハかような訳に成行《なりゆき》、御母様をバ御姉様が御あづかり被レ成候事と、せん〳〵《先々》より之定り事かと存上まゐらせ候。くれ〳〵も御母様の御事ばかり御大切ニ願上まゐらせ候。
▼一金町《かねまち》御姉様へ申上候。私ケ様成行嘸々《さぞさぞ》御悲歎の御事と奉存候。私事ハ御あ(き)らめ遊バし、御母様を御大切ニ遊され下さるべく候。子供らハよく御そだて遊さるべく候。
此手紙三度めニ而《て》やう〳〵相認《あいしたため》申候。二度程かき初メ、半《なかば》ニ至りて落涙ニ沈《しず》み書かね申候。

御母様へ御礼御いとま乞《ごい》、御申訳旁《かたがた》申上候へ共、御手元までとゞき候哉、不レ届哉《とどかざるや》も不二相知一《あいしれず》、万一御披見《ひけん》ニ不レ成候ハヾ、此書ニ而御あきらめ可レ被レ下《くださるべく》候。

　申上度事《たきこと》ハやま〳〵御座候へ共、とても筆にハ尽シがたく、且《かつ》人めをしのびなく〳〵、やう

〳〵相認候まゝたゞ〳〵御いとま乞《ごい》迄あら〳〵奉二申上一候。　以上

申閏《さるうるう》三月朔日　**蓮田一五郎**

御母上様

両御姉様

御もとへ

「右遺書に追伸あり」要約

◇何事も塙《はなわ》左五郎様（名は重任、親類筋にあたる）か、玉川温光《おんこう》先生（一五郎少年時代の勉学の師）に相談し、世話を受けるように。

◇司命丸《しめいがん》（水戸河和田《かわわだ》の高倉伴介《たかくらばんすけ》）へ預けておいた金十六両一分二朱の内、十二両はすでに、自分で受取っているので、残金の四両余は、先方へ掛け合って受取ってほしい。

◇石神村《いしがみ》（現、東海村）の黒沢覚蔵へ金三両貸してあるので、鈴木彦蔵という人が事情をよく知っているので相談し、返してもらった方がよい。

「四月朔日付け、母宛遺書一通あり、内容はほゞ同様」——略

「閏三月二十五日付け、塙左五郎宛「口上」」

◇右の「口上」書は、家族宛ではないため、もし他人の手に渡るようなことがあった場合、

関係者に迷惑がかかるかも知れないということに配慮し、人名には隠語を使用している。例えば「禁行《きんこう》」＝「金高」で、金子孫二郎と高橋多一郎。「泰幡尊大人《たいばんそんたいじん》」は、大塙《たいばん》＝塙《はなわ》左五郎。一五郎自身は「廉《れん》」の一字署名。つまり「廉《れん》」＝「蓮《れん》」である。

◇三月三日の大老要撃への参加。脇坂邸への自訴。八丁堀本多家への預け替えのことなど。

◇蓮田家継承は姉に頼みたい。悲泣の一事は母のこと。よろしくお願いしたい。

◇近い内に処刑されるだろう。死後「招魂之祭式は、儒道にて相願い申上候」

【「遺書」の収録異本各種】

『桜田義挙録』『勤王実記水戸烈士伝』『勤王文庫／第四編伝記集』『維新の血書』『水戸藩史料』『野史台、維新史料叢書・三十三・雑一』等々に収録されており、筆写本も数本存在しているが、諸本の文言等の表記にかなりの差異が見受けられる。

本書では、前述(三―(6))したように、昭和五十五・六年当時、宇都宮市在住の故蓮田美香《よしか》氏が所蔵されていて、のちに同氏が勤務されていた國學院大學栃木学園に寄贈され、現在は同学園の参考館に所蔵展示されている**「蓮田一五郎獄中遺書」**の原本を底本として(同館のご好意により、平成21年12月写真撮影許可)、解読・掲載させて頂くことにした。

尚、訓点、ルビ、一部の濁点等は、読みやすくする為に筆者が施したものである。

◎

嘗て、『桜田義挙録』の著者岩崎鏡川は、上記の蓮田一五郎の「遺書」について、

「古来、『出師表《すいしのひょう》』を読んで泣かぬものは忠臣でない』という。吾れは、また蓮田市五郎が本田家（註、本多家が正しい）に御預け中、故郷の母に送った手紙を読むで、泣かざるものは、殆んど人でないとのことを敢《あえ》ていふ」

と、非常な感激をもって評したが、まさに至言といえるであろう。

本多家の二重牢格子の中で、一五郎は人目を忍び、二度と会えない母を慕い、姉達を思いつゝ涙を落としながら書いた。「遺書」の中でも、

「此手紙三度めニ而やう〳〵相認中候。二度程かき初メ、半ニ至りて落涙ニ沈み書かね中候」

と記している。

昭和五十五年当時、蓮田美香氏所蔵の「遺書」の原本を初めて拝見した折、筆者はそれを実感した。所どころ訂正して書き直したり、文字が滲《にじ》み、後で朱《しゅ》を入れて（多分、明治時代に子孫の方が）補筆されたところもある。恐らく、一五郎が落とした大粒の涙の跡であろう。

そのようにして書かれた「遺書」であったが、大事件に参加した者の気負《きお》いも、刑死を待つ

身の恐怖心の表現もなく、唯々、母の悲しみを少しでも和らげたい、孝養をつくすことができなかった自分の親不孝を許してほしい。

世話になった二人の姉に、何の恩返しもできなかったことを心から詫びたい。

そして、家の跡継ぎのこと。金銭のこと。後事に対する細やかな心くばり。などなど、一五郎のやさしい思い遣り、真心が良くあらわされている。実に感銘深い「遺書」の内容である。

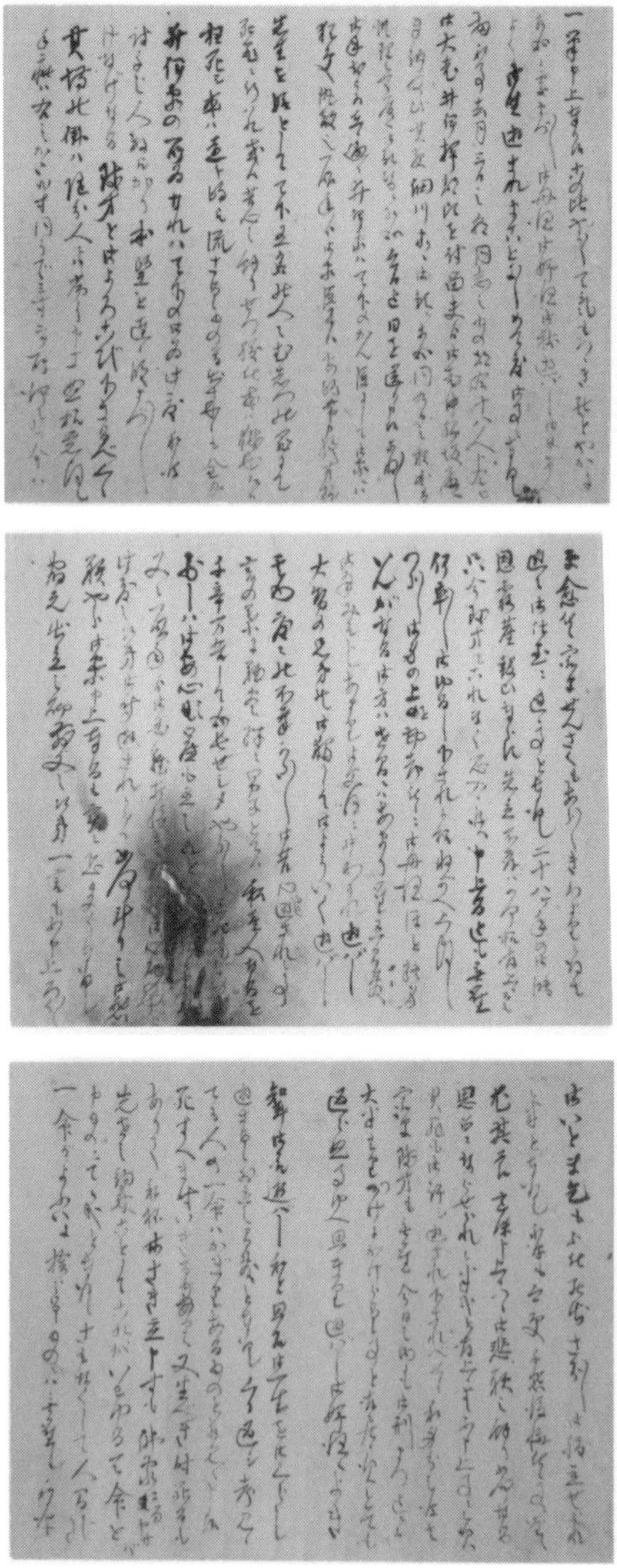

蓮田一五郎獄中遺書・母姉宛

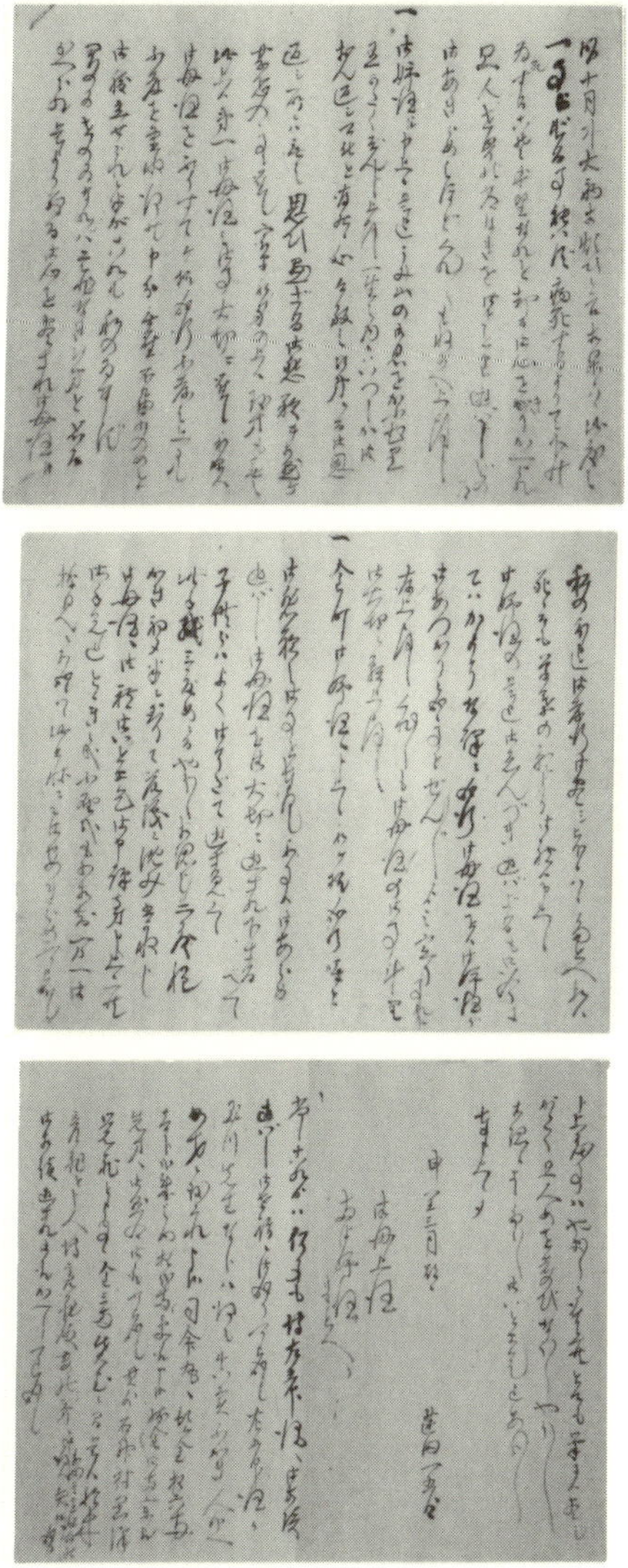

國學院大學栃木学園参考館蔵

九　蓮田一五郎の最期

塙左五郎重任宛の「口上」書（万延元年閏3／25付け）の中にも書かれていたように、一五郎は、四月中頃には処刑されるだろうと覚悟していたが、予想に反して大幅に遅れ、執行されたのは、桜田事件から一年六ヵ月後の、翌年文久元年（一八六一）七月のことであった。

この間一五郎は、万延元年四月二十一日に、本多家から、越後三日市藩主柳沢民部少輔徳忠《やなぎさわみんぶのしょうのりただ》の家来の屋敷へ預け替えになった。

『桜田義挙録』所収の前記「蓮田市五郎警護の事」文中には、「四月中、神田小川町の戸田七之助殿邸（足利藩主）に御預け換へとなりしが……」と記されている。

その後、一五郎がどのような情況に置かれたのか、処刑されるまで一年余の月日をどのように送っていたのか。残念ながら全く不明である。

柳沢家へ預けられて以後は、他家に預け替えになったという記録も見当らないので、そのまゝ、最期まで、柳沢家預かりとなっていたのであろう、と想像する他はない。

尚、他の同志達の様子をみると、

＊大関和七郎＝富山藩主前田利同《としあつ》邸に、さらに但馬《たじま》豊岡藩主京極《きょうごく》飛騨守邸へ移される。

＊森山繁之介＝陸奥一ノ関藩主田村磐次郎《いわじろう》邸に、さらに足利藩主戸田《とだ》七之助邸へ移される。

＊杉山弥一郎＝越後村松藩主堀丹波守《ほりたんばのかみ》邸に移された。その後の移動はなかった模様である。

＊森　五六郎＝豊後臼杵《うすき》藩主稲葉観通《あきみち》邸に、さらに大和小泉藩主片桐貞篤《さだあつ》邸へ移される。

やがて、**文久元年（一八六二）七月二十六日**。一五郎をはじめ、右の同志達四人を含めた五人が、評定所に呼び出され申渡しを受けた。

水戸殿御家来に而出奔《しゅっぽん》致候　大関　和七郎
蓮田　市五郎
森山　繁之介
杉山　弥一郎
御同家御家来三四郎弟二而《にて》出奔致候　森　五六郎

外夷《がいい》え対せられ、御処置振《しょちぶ》り等、品々申し唱へ、銘々《めいめい》申し合せ、国許出奔《くにもとしゅっぽん》致し、剰《あまつさ》へ、多人数徒党を結び、重き御役人登城之節、御場所柄をも憚《はばか》らず、乱妨《らんぼう》に及び候始末《しまつ》、公儀を恐れざる仕方《しかた》、不届《ふとどき》之至ニ付、死罪。

右の申渡しを受けたのち、一同は伝馬町《てんまちょう》の牢へ送られ、そこで斬首された。

また伏見で捕えられ、江戸に送られてきた金子孫二郎と、江戸潜伏中に捕えられた岡部三十郎の両名も、同日斬刑に処せられた。金子は享年58歳。岡部は44歳であった。

そして一五郎達の遺骸は、千住《せんじゅ》の小塚原《こづかっぱら》（現在、東京南千住の回向院《えこういん》のある所）へ取り捨てとなったが、回向院住職の川口厳考《げんこう》師が中心となって、屍体《したい》取片付け関係者から若干の金銭で貰い受けて埋葬し、縦五六寸（約15cm）程の石にそれぞれ氏名を書いて、遺骸の上に据《す》えたという。

尚、『新家雑記《しんかざっき》』（『水戸藩史料』所収）によると、九月十四日に烈士の標杭《ひょうくい》が立てられ、仮の戒名が付けられたともいう。

大関和七郎　英毅居士　（二十六歳）
蓮田一五郎　英学居士　（二十九歳）
森山繁之介　英憲居士　（二十六歳）
杉山弥一郎　英邦居士　（三十八歳）
森　五六郎　英義居士　（二十三歳）

回向院の桜田烈士の供養碑群

十　一五郎の「遺書」等が遺族に届く

さて、本多家の二重牢格子の中で、人目を忍んで書かれた一五郎の血涙の「遺書」は、その後どうなったのか。他に然るべき史料がないので、『桜田義挙録』の記述をもとに、行方を尋ねてみよう。一五郎は、本多家預り中に、

「何か、身寄へ届ける物は無いか。あらば申し出られよ」

という、同家の懇切な扱いに感謝しつゝ、母・二人の姉・塙左五郎宛の「遺書」を書き、更に桜田一件の始末、評定所訊問の様子を「手書」に認め、本多家の家来に預けていた。

その後、文久元年七月に一五郎は処刑されてしまったわけであるが、「遺書」等は、何分罪人の遺品ということで、本多家でも一五郎の遺族へ届けられないでいたようである。

ところが文久三年（一八六三）に、土佐の勤王家である間崎滄浪《まさきそうろう》（通称哲馬）という武士が、江戸に出てきて、本多家のある家臣（牧田東一《まきたとういち》カ）と親しくなったそうである。

ある日、その本多家家臣が間崎に対し、

「自分は蓮田一五郎から、こういう物を託されているが、何分嫌疑《けんぎ》が甚だしいので困っている。何とか良い工夫はあるまいか」

とたずねた。これを聞いた間崎は、一五郎の真心に感激し、

「よし、それならば、拙者がきっと届けてやろう」

と言って遺品を受け取り、それを嘗て知合った水戸の住谷寅之介に渡した。

住谷は、一五郎の叔父で、水戸小石川藩邸の徒士目付を勤めていた飯村金八郎という人物に届け、それから塙左五郎へ、左五郎から蓮田家へ、と送られたと伝えられている。

また、『桜田義挙録』には、次のような話も収められている。

一五郎が刑死した年の十月のある日、五十歳位の僧侶が一人、水戸の蓮田家の玄関に立った。

「此方《こなた》は、蓮田一五郎氏の御遺族か？」

とたずねるので、姉の清《きよ》が走り出て、

「はい、左様でございます」

と答えると、その僧は、

「拙僧は嘗《かつ》て、蓮田氏から頼まれて居る物が御座《ござ》って、今日持参仕《つかまつ》った」

そう言いながら、「此品ぞ」と一封の書を丁寧に懐中から取出し、

清に手渡した。清はそれを受け取ると、

「しばらくお待ち下さいまし……」

と言って奥へ入り、母に手渡して再び玄関に戻ったところ、もうすでに、その僧侶の姿は見えなくなっていた。

そこで、母と姉が封を開けてみると、中から「**和歌一首と別紙**（**戒名**が記載）」が出てきた。

辞　世

○ **故郷《ふるさと》の空をし行かばたらちめに身のあらましをつけよかりがね**

［別紙］　孝道了《こうどうりょう》忠信士《ちゅうしんし》　水府家臣

文久元年七月二十六日

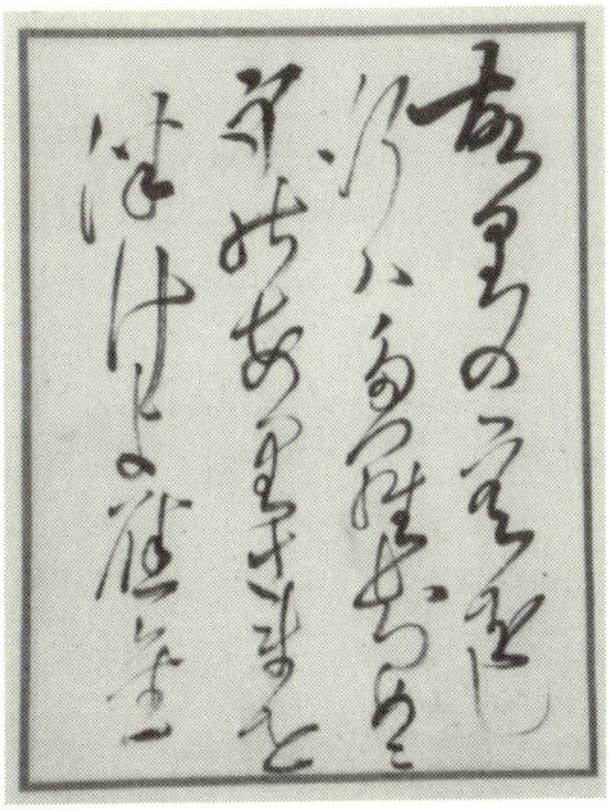

［蓮田一五郎遺詠色紙］
（國學院大學栃木学園参考館現蔵）

故里《ふるさと》の空をし
行《ゆか》ハたらちめニ
身のありさまを
つけよ雁《かり》かね

＊傍線部分が、『桜田義挙録』と「色紙」との相違部分。

びっくりした母と姉の清は、先程の僧侶の後を追って日暮まで捜し求めたが、どこにも見当らなかった。そこで右の品を仏壇に供えて、一晩中供養したという。

結局、その僧侶が何者であったかは、判らずじまいであったが、蓮田美香氏旧蔵で、現在は、栃木市の國學院大學栃木学園参考館の所蔵となっている一五郎の遺品の中に、右の和歌一首が認められた色紙が一枚残されている。

この色紙には、『桜田義挙録』に記されたような「辞世」の文字も、署名もないが、一五郎の自筆と思われる（＊印の部分に記したように、僅かではあるが、文字・語句の異同がある）。

尚、参考館には、他にもう一篇、短冊に認められた一五郎自筆の和歌が所蔵されている。

蓮田一五郎遺詠短冊
（國學院大學栃木学園参考館蔵）

辞世　**色香《いろか》をば　吉野の奥に　とめ置て**
惜《お》しまずに散《ち》る　山桜かな　正実
時年二十八

右の辞世一首は、幕末志士の詩文や和歌が収録された『**興風集《こうふうしゅう》**』（松下邨塾蔵版、明治元戊辰年十月出版）にも収められていて、

「三月廿七日。評定所口吟《こうぎん》」

と題して、七言絶句一詩（後掲）を詠んでいるが、それに続けて、

「この日ハ死に就事《つくこと》よと思へは辞世の歌よミ侍《はべ》る」

と、詞書をつけて詠んだ辞世の和歌二首のうちの一首であったことがわかる。しかも、一五郎が実際に死に就いたのは、それから一年六ヵ月後（閏三月あり）の文久元年七月二十六日である。従って、三月三日以後の漢詩や和歌の全てが、実は一五郎の辞世の詩歌であったと言って良い。

十一　一五郎遺詠の詩歌

一五郎が、吟じた詩歌（特に万延元年三月三日の桜田事件以後の詩歌）は、各種の書物や写本に収録されて伝えられているが、本書では『**興風集**』を元にし、『桜田義挙録』『勤王文庫／詩歌集』『勤王実記　水戸烈士伝』等を参考にして、詩歌・和歌を列記したいと思う。

『興風集』は、前拙著『桜田烈士蓮田一五郎』の執筆刊行の時点（昭和五十八年九月）では筆者自身も実物を一見することができなかったのであるが、同書刊行後の、翌年八月に、当時の皇學館大学学長田中卓博士（現、名誉教授）から、『興風集』（木版本一冊）の恵贈に与るという幸運に恵まれ、学恩に浴することができた。

さて、一五郎の詩歌・和歌が収録された諸書・諸本の字句・文言等を比較してみると、表記に多少差異が認められるものもあるが、本書では細かい詮索は割愛して、『興風集』に採録されている一五郎の漢詩と和歌を収載することにした。（下段の（　）内は字句の異同部分）

掲載する順序も『興風集』に準拠し、同書に未収録のもの（他書掲載、色紙・条幅など）は、後

尾に記載することにした。（漢詩と漢文詞書の訓み下し、変体仮名の解読、濁点等は筆者）

三月三日、閣老脇坂侯之邸に於て、口吟《こうぎん》（原漢文）

○欲㆘挽㆓頽波㆒回㆗世運㆖　［頽《たい》波《は》を挽《ひ》きて世《せ》運《うん》を回《めぐら》さんと欲《ほっ》し］　（斬得）（賊臣）（奸臣）

一朝**斬破姦魁**頭　［一朝斬《ざん》破《ぱ》す姦《かん》魁《かい》の頭《こうべ》］

残軀縦為㆓齏粉㆒滅　［残《ざん》軀《く》縦《たと》ひ齏《さい》粉《ふん》と為《な》りて滅《ほろ》ぶも］　（微軀）

凛々英名**千載**流　［凛《りん》々《りん》たる英《えい》名《めい》千《せん》載《ざい》流る］　（千古）

○三月三日四日五日雪ふる細川侯の邸にありて、五日の夕空晴て月影のさしたるを見て

ふりつもる思ひの雪のはれて今　あふぐもうれし春の夜の月

○七日夜、夢に母と花を庭前に賞す、楽むこと甚だし。已《すで》にして寤《さ》む。覚えず血涙万行《けつるいばんぎょう》、因《よ》りて一詩を賦《ふ》す。（原漢文）

緑酒奉㆑歓慈母傍　［緑酒歓《りょくしゅかん》を奉《ほう》ず慈《じ》母《ぼ》の傍《かたわら》］

花促㆓清宴㆒興無㆑彊　［花は清《せい》宴《えん》を促《うなが》して興《きょう》彊《かぎり》無《な》し］　（花林）（花林風興）

三更夢寤驚起坐　［三《さん》更《こう》夢《ゆめ》寤《さ》めて驚いて起《き》坐《ざ》すれば］

不レ在二**庭園**一在二**他郷**一　［庭園《ていえん》に在《あ》らずして他郷《たきょう》に在り］　（家庭）（家郷）（異郷）

隅田川の花いと盛にて人々花見に出るよしを聞て

○もろ人の花見るさまにひきかへて　嵐まつまの身ぞあはれなる

○春満二墨江一烟景新　［春は墨江《ぼくこう》に満《み》ちて烟景《えんけい》新《あらた》なり］

桜花爛漫闘二紅塵一　［桜花爛漫《おうからんまん》紅塵《こうじん》と闘《きそ》ふ］

可レ憐昔日遨遊子　［憐《あわれ》むべし昔日遨遊《せきじつごうゆう》の子《し》］

翻作二従容就レ死人一　［翻《ひるがえ》って従容《しょうよう》死《し》に就《つ》く人と作《な》る］

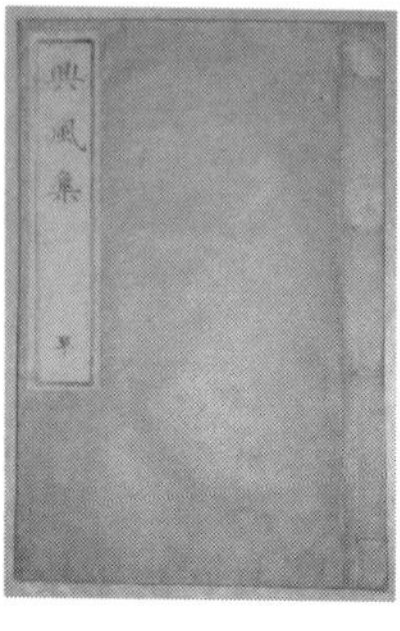

『興風集』（明治元年十月発行）

無題

○身嬰二剣鋩一志愈雄　［身《み》は剣鋩《けんぼう》を嬰《お》びて志 愈《いよいよ》雄《たけ》く］

剛肝擬学椒山風　［剛肝《ごうかん》擬《ぎ》し学ぶ椒山《しょうざん》の風《ふう》］

生前恩沢報無レ処　［生前《せいぜん》の恩沢報《おんたくむく》ゆるに処《ところ》無《な》し］

除レ奸聊知效二寸忠一　［奸《かん》を除《のぞ》きて聊《いささ》か知る寸忠《すんちゅう》を效《いた》せりと］

三月廿七日、評定所口吟

○伏レ節元期大義明　「節《せつ》に伏《ふ》して元《もと》より期《き》す大義《たいぎ》の明《あきら》かなるを」

○挺身欲レ払海鯢横　「挺身《ていしん》払《はら》はんと欲《ほっ》す海鯢《かいげい》の横《よこた》わるを」

○回レ頭人世總如レ夢　「頭《こうべ》を回《めぐら》せば人世《じんせ》總《すべ》て夢の如《ごと》し」

千載空余忠烈名　「千載空《せんざいむな》しく余《のこ》す忠烈《ちゅうれつ》の名《な》」

この日ハ死に就事《つくこと》よと思へば辞世の歌よミ侍《はべ》る

○色香《いろか》をばよしのゝ奥にとめおきて　惜《おし》まずにちる山ざくらかな　《参考館蔵　短冊》

○花のため深く染《そめ》にし色香《いろか》をば　散《ちり》なん後《のち》ぞ猶匂《なおにお》ふらん

母を思て

○たらちめにまたもあふせの関《せき》なくば　ぬるまも夢に恋ぬ夜ぞなき

○あはれなりひるはひねもす夜もすがら　胸もたへせぬ母の面《おも》かげ

○かわくまもあらで袂《たもと》の時雨《しぐ》るゝは　母を恋《こい》しのなみだなりけり

無　題

○道理貫レ肝義填レ胸　［道理《どうり》肝《かん》を貫《つらぬ》き義胸《ぎむね》を填《うず》む］
従容笑処死生中　［従容《しょうよう》笑って処《しょ》す死生《しせい》の中《うち》］
安知一片忠魂鬼　［安《いず》くんぞ知らん一片忠魂《いっぺんちゅうこん》の鬼《き》］
夙夜儼然護二皇宮一　［夙夜儼然《しゅくやげんぜん》として皇宮《こうきゅう》を護《まも》らん］

守人《もるひと》の桜の花を一枝《いっし》折《おり》ていだしけるに

○守人《もる》のあはれみなくば此春《このはる》は　なれしさくらもいかに詠《なが》めん

落花に寄せて懐《おもい》を述ぶ　（原漢文）

○いそがねどいつか嵐のさそへきて　心せはしく散さくらかな

○幽囚乍過六旬日　［幽囚乍《ゆうしゅうたちま》ち過ぐ六旬日《ろくじゅんじつ》］
毎懐二家郷一血涙垂　［毎《つね》に家郷《かきょう》を懐《おも》ひて血涙垂《けつるいた》る］
縦有三郷心労二遠夢一　［縦《たと》ひ郷心《きょうしん》の遠夢《えんむ》を労《ろう》する有《あ》るも］
難レ奈**法綱**此身随　［奈《いか》んともし難《がた》し法綱《ほうこう》の此《こ》の身《み》に随《したが》ふを］　（法綱）

○
既以二一身一託二剣鋩一
只悲三慈母砕二心腸一
幽囚夜半孤眠夢
偏向二故園住処一行

［既《すで》に一身《いっしん》を以《もっ》て剣鋩《けんぼう》に託《たく》す］
［只《ただ》慈母《じぼ》の心腸《しんちょう》を砕《くだ》くを悲《かな》しむ］
［幽囚夜半孤眠《ゆうしゅうやはんこみん》の夢《ゆめ》］
［偏《ひとえ》に故園《こえん》の住処《じゅうしょ》に向《む》かって行《ゆ》く］

○
九尺小堂独**嬾**レ眠
千憂除去百悲伝
家郷夜々相思夢
共誘二春風一繞二枕辺一

［九尺《きゅうせき》の小堂独《しょうどうひと》り眠《ねむ》るに嬾《ものう》し］　（懶）
［千憂除《せんゆうのぞ》き去《さ》りて百悲《ひゃくひ》伝《つた》ふ］
［家郷《かきょう》夜々《やゝ》相思《そうし》の夢《ゆめ》］
［共《とも》に春風《しゅんぷう》を誘《いざな》ひて枕辺《ちんぺん》を繞《めぐ》る］

○
皇道久衰頽　誰能戴二至尊一
姦曲重二惨毒一　醜虜勢吐呑
不レ有二迅雷断一　争支二狂浪飜一
嗟予深感激　先死報二天恩一

［皇道《こうどう》久《ひさ》しく衰頽《すいたい》、誰《たれ》か能《よ》く至尊《しそん》を戴《いただ》く］
［姦曲《かんきょく》惨毒《さんどく》を重《かさ》ね、醜虜《しゅうりょ》勢《いきお》ひ吐呑《とどん》］
［迅雷《じんらい》の断《だん》有《あ》らざれば、争《いかで》か狂浪《きょうろう》の飜《ひるがえ》るを支《ささ》へん］
［嗟《あゝ》予《わ》れ深く感激し、先《ま》づ死《し》して天恩《てんおん》に報《ほう》ぜん］

○
豹**是**留レ皮豈偶然

［豹《ひょう》は是《こ》れ皮《かわ》を留《とど》む豈偶然《あにぐうぜん》ならんや］　（死）

功名夙欽㆓定遠賢㆒　[功名《こうみょう》夙《つと》に定遠《ていえん》の賢《けん》を欽《きん》す]
洋夷未㆑駆身先死　[洋夷《ようい》未《いま》だ駆《か》らざるに身《み》先《ま》ず死《し》す]
一片丹心好奏㆑天　[一片《いっぺん》の丹心《たんしん》好《よ》し天《てん》に奏《そう》せん]

世の為と思てつくせし事共、皆むなしくなりぬと覚ければ、悲憤のあまりに、

○世のためと**思へ**つくせし真心《まごころ》は　**天津《あまつ》み神《かみ》**もみそなはすらん　(思ひ)(天つ御神)

○嗟予十歳喪㆓先親㆒　[嗟予《ああよ》十歳先親《せんしん》を喪《うしな》ふ]
成立一仰㆓慈母訓㆒　[成立一《せいりついっ》に慈母《じぼ》の訓《くん》を仰《あお》ぐ]
大義不㆑成忠孝廃　[大義《たいぎ》成《な》らざれば忠孝廃《ちゅうこうはい》す]
一生心事向㆑誰陳　[一生《いっしょう》の心事《しんじ》誰《たれ》に向《む》かってか陳《の》べん]

○今日杞憂一日深　[今日《こんにち》の杞憂一日《きゆういちじつ》深し]
孤忠欲㆑**挽夕陽沈**　[孤忠《こちゅう》挽《ひ》かんと欲《ほっ》す夕陽《せきよう》の沈《しず》むを]　(払)(妖氛浸)

○休㆑言身死無㆓功效㆒　[言《い》ふを休《や》めよ身《み》死《し》して功《こう》の效《いた》す無《な》きを]
必有㆔明神鑒㆓赤心㆒　[必《かなら》ず明神《めいしん》の赤心《せきしん》を鑒《かん》する有《あ》らん]

○欲㆘明㆓大義㆒正㆗華夷㆖　[大義《たいぎ》を明《あきら》かにして華夷《かい》を正《ただ》さんと欲《ほっ》す]

○

頑鈍豈図失二事宜一
身死功名難共得
業空忠孝両相虧
一念至レ此欲二腸断一
淋漓只看血涙垂
二十八年夢乍覚
一片清気大空帰

「頑鈍豈図《がんどんあにはか》らんや事宜《じぎ》を失《うしな》ふを」
「身死《みし》して功名共《こうみょうとも》に得難《えがた》し」
「業空《ぎょうむな》しくして忠孝　両《ふたつなが》ら相虧《あいか》く」
「一念此《いちねんここ》に至《いた》らば腸断《ちょうた》たんと欲《ほっ》す」
「淋漓只《りんりただ》看《み》る血涙《けつるい》垂《た》るゝを」
「二十八年夢乍《ゆめたちま》ち覚《さ》む」
「一片《いっぺん》の清気大空《せいきおおぞら》に帰《き》す」

○

外攘二夷狄一内安レ民
一紙詔書泣二鬼神一
莫レ怪水城蜂起変
不下将二敕命一付中他人上

「外《そと》は夷狄《いてき》を攘《はら》ひ内《うち》は民《たみ》を安《やす》んず」
「一紙《いっし》の詔書鬼神《しょうしょきしん》を泣《な》かしむ」
「怪《あや》しむ莫《なか》れ水城蜂起《すいじょうほうき》の変《へん》」
「敕命《ちょくめい》を将《も》って他人《たにん》に付《ふ》せず」

《『勤王文庫』》

○

題しらず

武蔵野《むさしの》のあなたこなたに道はあれど　我がゆく道は益荒雄《ますらお》の道

《『勤王文庫』》

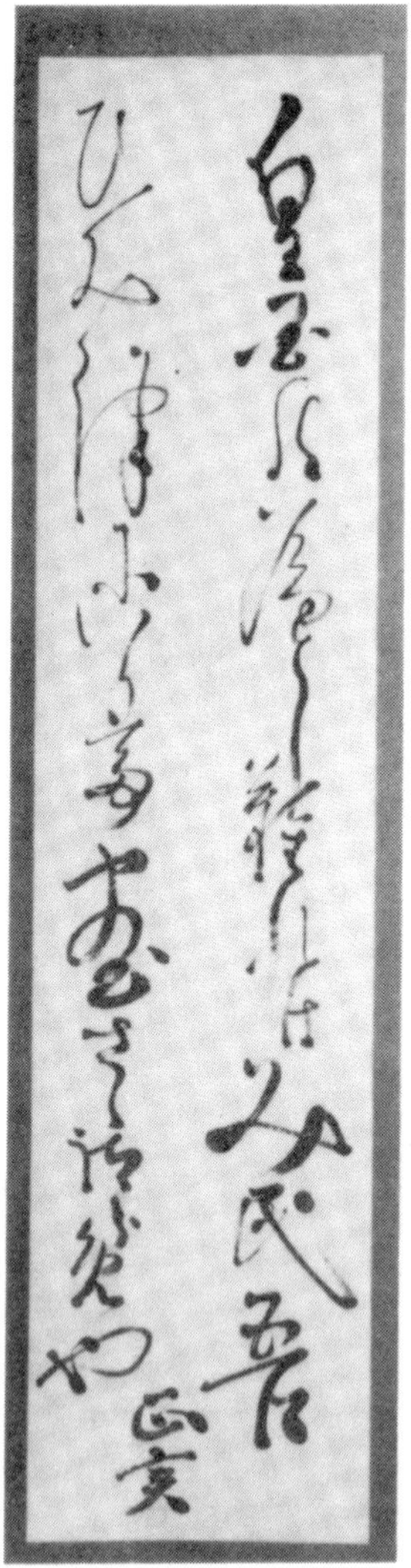

蓮田一五郎正実遺詠条幅
（茨城県立歴史館蔵）

○故里《ふるさと》の空をし行ばたらちめに　身の**ありさま**をつげよ雁がね　《参考館蔵色紙》

　故郷《ふるさと》の空をし行かはたらちめに　身の**あらまし**をつけよかりがね　《『水戸烈士伝』》

○皇国《すめくに》の為《ため》としなればみ民吾《たみわれ》　ひみづ《（火水）》にいりて尽《つく》さざらめや　正実　《茨城県立歴史館蔵条幅》

＊最後に挙げた和歌の、詠歌の年代は不明であるが、内容から言って、桜田要撃一件以前に、自らの志を確認する意味で詠まれたものであろうか。

十二　埋葬・墓碑建立と蓮田家の継続

文久元年（一八六一）七月二十六日、二十九歳で蓮田一五郎は逝《い》った。伝馬町《てんまちょう》の獄で刑死後、彼の遺骸は小塚原に遺棄《いき》されたが、秘かに葬られたらしいことは、前にも触れた（現、回向院の地）。

その後、政情の変化により、文久三年には幕府から、正式に埋葬供養することが許され、その年の十一月に水戸（現、緑町）の浄安寺《じょうあんじ》に葬られた。

そして幕末動乱の時期を経て明治維新を迎えたが、やがて明治二十二年（一八八九）十月に、靖國神社に合祀《ごうし》され（「墓表文」は十月、『水戸烈士伝』や『桜田義挙録』等は五月）、次いで同二十五年九月、水戸谷中《やなか》（現、松本町）の常磐共有墓地に改葬され、巻頭に掲載したグラビア写真のような、大きな墓碑が建立された。

墓表文は、蓮田一族の出身である香川敬三子爵《かがわけいぞうししゃく》（当時）が書かれたものである。

蓮田家の本貫（本籍地）は、現在の茨城県常陸大宮市伊勢畑《いせはた》にあった。

香川敬三は、伊勢畑の蓮田孝定《たかさだ》の子で、ハリス要撃を計画し牢死した蓮田東三信成《とうぞうのぶなり》の弟であった。敬三は、幼少にして鯉沼意信《こいぬまおきのぶ》の養子となり、**鯉沼伊織**《いおり》と称しのち**香川敬**三と名乗った。幕末期は国事に奔走したが、岩倉具視《いわくらともみ》の知遇を得て、やがて明治政府に出仕《しゅっし》、諸官を歴任したのち、子爵《ししゃく》となり、次いで伯爵《はくしゃく》、皇后宮大夫《こうごうぐうのだいぶ》、枢密顧問官《すうみつこもんかん》となった。

その香川敬三は、桜田烈士の蓮田一五郎に、同族出身の者として、殊更に深い敬慕の念を寄せていたらしく、前記の墓表文は勿論、旧蓮田美香《よしか》氏蔵の一五郎の「遺書」の箱書「蓮田一五郎正實遺墨」も彼の筆になるものであった。（次頁写真）

ただし、現栃木学園参考館蔵の「遺書」には、香川敬三の「蓮田一五郎正實遺墨」と箱書された収蔵箱は添付・展示されてはいない。その箱の存在は不明である。

さてその後、明治三十五年（一九〇二）十一月八日、明治政府から一五郎の功績を録して「正五位」が追贈され、さらに明治四十二年十一月二十七日の栃木県における特別大演習の際には、一五郎の母姉宛「遺書」と、評定所吟味書の写（塙左五郎筆写）とが、明治天皇の天覧《てんらん》に供せられ、一年後の四十三年には昭憲《しょうけん》皇后（皇太后）もこれを御覧になるという栄誉に浴したという。

一方一五郎亡き後の蓮田家は、一五郎が独身で妻子が無かったため、「遺書」の中で繰返し頼んでいたように、次姉の清《きよ》が、日立水木《みずき》の内山清《うちやまきよし》氏を婿養子に迎えて蓮田家の継続を継ぎ、その子蓮田馨氏、孫蓮田頼光氏・美香氏兄妹と続き、さらにその子孫の方々が家系を繁栄されている。

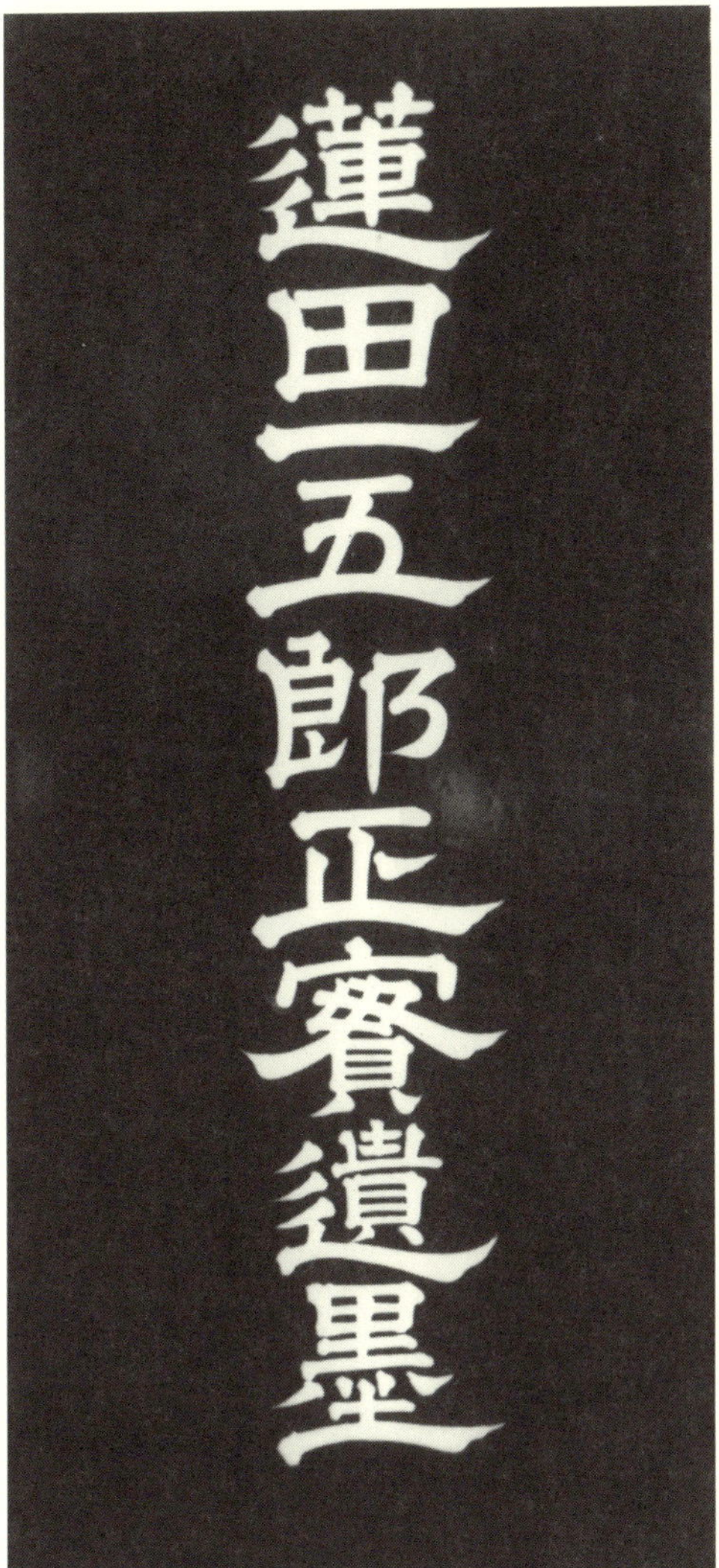

「遺書」の箱書（香川敬三筆）
（故蓮田美香氏旧蔵）

おわりに

蓮田一五郎は、

○　**道理《どうり》肝《かん》を貫《つらぬ》き義《ぎ》胸《むね》を塡《うず》む**
従容《しょうよう》笑《わら》って処《しょ》す死生《しせい》の中《うち》
安《いず》んぞ知《し》らん一片《いっぺん》忠魂《ちゅうこん》の鬼《き》
夙夜《しゅくや》儼然《げんぜん》として皇宮《こうきゅう》を護《まも》らん

と吟じ、また、

○　**皇国《すめくに》の為《ため》としなればみ民吾《たみわれ》　ひみづにいりて尽《つく》さざらめや**

と詠んで、道義を実践し、国事に殉じようと自らの心に誓いつゝ、井伊大老要撃に参加した。

幕府の大老という重職にある者を、白昼に公然と刺殺し、その首級をあげたという其の行為については、いろいろと批判もあろう。筆者に於ても、そうした直接的殺傷行為をそのまゝ是認するものではない。

また、井伊直弼は「安政の大獄」で多数の有為有能な人材を処刑しているのだから、殺されてもやむを得ないのだ、というような報復的な論調にも、単純に加担することはできない。

一方で、『井伊家史料　幕末風聞探索書／万延・文久編』所載の解説書に記されている、

「取調べの広範囲な割合に厳刑に処せられた者は意外なほど少なかった。……その死罪に処せられた人の人数は、この後激化する尊王攘夷運動で多くは無意味に死んでいった全国幾千人の無名の若人の数に比べたら物の数であるまい。」

という、犠牲者数の比較によって事の是非を云々するような議論についても、容認はできない。

右の解説者は、「この後激化する尊王攘夷運動」の原因とは何であったのか、何故多くの無名の若人が死んでいったのか、という根源・根本の問題の究明をなおざりにしている。

つまり、井伊大老や長野主膳ら自身が捏造《ねつぞう》・訛伝《かでん》した「水戸隠謀説」という幻影に、脅《おびや》かされて引き起こした**「安政の大獄」**に発している、ということが殆ど意識されていないのである。

安政期の井伊大老及びその腹心的幕閣による、通商条約の違勅調印、幼少の紀伊慶福《よしとみ》の将軍継嗣決定、安政の大獄という恐怖政治、水戸藩への密勅返納要求と極端な内政干渉、等々について水戸や薩摩などの多くの憂国の志士達が、これを暴政、苛政《かせい》と断じ、祖国日本の現状にきわめて深刻な危機感を抱いた。

殊に**「安政の大獄」**という我が国の歴史上類例を見ない恐怖政治は、幕藩体制の枠内で、諸

国の大名、殊には水戸烈公（斉昭）や福井の松平春嶽などの有能なる人物を通じて、幕府に献策することにより、朝廷を中心とし、幕府が協力して内外の危機を克服し、国家の安全と存立を全うしようという、全国の志士達の願いを完全に断ち切るものであった。

そうした情況下で、当時の、天下の志士達の念頭に萌《きざ》したもの、それは幕政の頂点に立って、ほとんど独裁ともいうべき権力を振るい続けている大老井伊直弼を倒し、「回天《かいてん》の業《ぎょう》」を推進すること、即ち天下の形勢を改変することであった。

その「回天の業」を計画し、実行に移したのが、水戸及び薩摩の有志達であった。

井伊大老要撃をきっかけに、江戸と大坂の両所に於て、東西呼応して尊攘の挙兵をする、という当初の計画は、薩摩藩の藩内事情により結局は失敗に終ったが、桜田門外における大老井伊直弼の横死は、幕府権威の失墜を天下にさらけだし、幕府政治、武家政治の終焉《しゅうえん》を早める結果になったことは厳然たる事実である。

「水戸嫌い」の論調で有名な司馬遼太郎氏も「日本的権力について」という一文の中で、「井伊時代、かれ（筆者註、井伊直弼）を批判しようとすればそれ（註、白刃《はくじん》）以外の方法があったでしょうか。日本には史上無数の暗殺事件がありましたが、そのほとんどは意味のないものでありました。わずかに唯一の批判手段としての暗殺は、近世では井伊直弼を要撃し

た桜田門外ノ変があるのみです。」（『司馬遼太郎が考えたこと／5』〈新潮文庫〉）

と指摘され、また同氏の『幕末』の「あとがき」（昭和38年11月）では、

「暗殺だけは、きらいだ。と云い云い、ちょうど一年、数百枚にわたって書いてしまった。……書きおわって、暗殺者という者が歴史に寄与したかどうかを考えてみた。ない。

ただ、桜田門外ノ変だけは、歴史を躍進させた、という点で例外である。これは歴史的に見てもめずらしい例外であろう。……桜田門外の暗殺者群には、昂揚した詩精神があった、……暗殺は否定すべきであるが、幕末史は、かれら暗殺者群によって暗い華やかさをそえることは否定できないようである。」（「桜田門外の変」の一文を収載。文春文庫）

と、評価されている。傾聴に値する論評といえるであろう。

一五郎が刑死して六年後の慶応三年（一八六七）十月には、水戸出身の十五代将軍徳川慶喜公により大政奉還《たいせいほうかん》がなされ、天下の形勢は大きく変わって明治維新を迎え、一五郎たち桜田烈士の念願も見事に達成されていったことになる。

◎

ところで、一五郎にとって、万延元年三月三日から翌文久元年七月二十六日までの一年六ヵ月の間、この月日は、実はきわめて切ない、苦しい、長い日々であったに違いない。

自ら信ずる道を実践し、大事を成し遂げた満足感に浸《ひた》りつゝも、尚、まぶたに去来するのは母の面影であり、先立つ不孝を心から詫《わ》び、母を恋慕う心の葛藤《かっとう》に苦しんだことであろう。

○　**かはくまもあらで袂《たもと》の時雨《しぐ》るゝは　母を恋しの涙なりけり**

しかも彼は、

○　**色香《いろか》をば吉野の奥にとめ置《おき》て　惜《お》しまずに散る山桜かな**

と、武士として潔ぎよき最期《さいご》を桜の花にたぐえつゝ、二十九歳の短い生涯を閉じたのであった。

一五郎が、その歿後、幕末維新史に心を寄せる人々から哀惜《あいせき》され、また多くの人々に深い感動を与えてきたのは、彼の水戸藩士としての身分地位や、活動に基づく他への影響力。あるいは、「桜田門外の変」における活躍そのもの、などによるものでは無かったと言ってよい。

これまで記してきたように、身分や地位について言えば、彼は「水戸町方同心」「軍用方写字生」「寺社方手代」などを勤めたに過ぎず、明治時代になって書かれた『水戸殉難者小伝』にも「卒族《そつぞく》」と記されており、「士族《しぞく》」とはなっていない。

従って、水戸藩士とは言っても、最下級の微禄の役人であったわけであり、如何に天下に広い影響力をもった水戸藩とはいえ、幕末尊王攘夷運動における一五郎の寄与は、ほとんど無かったと考えてよいであろう。

また、「桜田門外の変」における活躍ぶりを、色々な記録をもとに推測してみても、自身では「遺書」の中で「其の場の働ハ随分人《ずいぶん》ニハ劣《おと》り申さぬ様覚《おぼえ》まゐらせ候」と語ってはいるが、彼が他の同志にくらべて、特筆されるような華々しい活躍をしたかというと、必ずしもそうではなかったようである。

では、そのような蓮田一五郎という人物が、どうして、後世多くの人々に哀惜され、感動をもって回顧されるようになったのであろうか。

それは一に、少青年時代の苦難の中での勉学精励ぶりであり、二には、桜田事変後、獄中で涙ながらに書き綴った母と姉に宛てた「遺書」。漢詩・和歌三十数首の遺詠。

そして三には、沈着冷静な目で事件の有様を記録した手書『幽囚筆記《ゆうしゅうひっき》』(評定所吟味書《ぎんみしょ》)や巧みに描かれた大老要撃場面の絵画。四には、評定所での取調べ訊問に対する見事な応答ぶりなどが、その理由となっていると思われる。

町方役人という貧しい下士の家に生まれ、幼くして父を失い、非常な困窮に身を置きながら、灯火にも、筆や紙にも事欠く生活の中で、水戸の先人先輩の著作や藤田東湖など当代一流の人物の詩文を筆写しては、その精神を目標として自らを鍛錬した一五郎は、生涯に、只一度の重大事「桜田門外の変」に挺身して一命をなげうった。

少青年時代二十数年間の学問は、何ら、形の上で彼に報いたものはなかった。

しかしその真剣な学問研鑽があったが故に、蓮田一五郎正実は、最期まで道義実践を確信し、その至誠を貫くことができたのであろう。


今年平成二十二年（二〇一〇）は、万延元年（安政七年・一八六〇）の「桜田門外の変」から数えて百五十年という記念の年に当る。

「水戸藩開藩四百年」（平成二十一年）と**「桜田門外の変」**百五十年を記念して、「『桜田門外ノ変』映画化支援の会」が中心となって映画製作が進められており、今秋頃には完成の運びであるという。そうした意味合いもあって筆者は二十七年ぶりに、前著『桜田烈士　蓮田一五郎』の改稿刊行を思い立った次第である。


蓮田一五郎が示した母や姉への細やかな心遣《こころづか》い。

人の子としての真心《まごころ》。逆境に耐え、真剣に取り組んだ勉学の態度。

自己一身の利害よりも、日本という国家の将来に思いを馳《は》せて、命をかけた青年の志。

いずれも、現代日本がかかえる種々の青少年問題に対し、重要な解決の糸口、指針を与えてくれるような気がするのである。

最後に、前著の調査・執筆当時、懇切に史料等の提供に応じて下さった故蓮田頼光氏、故蓮田美香氏の御冥福を心から御祈念申し上げ、また今回新たに「蓮田一五郎獄中遺書」の写真撮影を御許可頂いた國學院大學栃木学園参考館の館長や学芸員の方々。及び映画化支援の会事務局の三上靖彦氏・谷田部智章氏をはじめ、直接間接に御協力を頂いた関係諸機関の方々。本書刊行に御尽力頂いた錦正社中藤政文社主に、心から感謝の意を表したい。

平成二十二年七月七日

「烈公薨去・桜田門外の変」の百五十年を記念して

筆者の「古稀」を自身私かに記念して

著者　但　野　正　弘　識

【主な参考資料】

○國學院大學栃木学園参考館蔵「蓮田一五郎獄中遺書」
○故蓮田美香氏旧蔵「蓮田一五郎蔵書」（コピー）
○故蓮田頼光氏蔵「遺書」等の複写本
○水戸市立図書館蔵『蓮田市五郎君詩稿』
○『水戸藩史料／上編坤』
○『維新前史　桜田義挙録』（岩崎鏡川編）
○『水戸幕末風雲録』（沢本江南編）
○『水戸見聞実記』（坂井四郎兵衛編）
○『野史台　維新史料叢書／三十三雑一』
○『常総古今の学と術と人』（大内地山）
○『井伊家史料　幕末風聞探索書』
○『朝野纂聞』『浅野梅堂雑記』（史籍叢刊）
○『逸事史補』（『松平春嶽全集』）
○『桜田義挙と其一党』（松延櫻洲著）
○『桜田烈士銘々伝』（佐藤幸次著）
○『興風集』（弘通書肆）
○『水戸市史／中巻三・四』
○『勤王実記水戸烈士伝』
○『桜田烈士伝』（綿引東海）
○『維新の血書』（太田俊穂編）
○『水戸藩末史料』（武熊　武編）
○『勤王文庫／第五編詩歌集』
○『大西郷正伝／第一巻』
○『安政の大獄』（吉田常吉著）
○『井伊直弼』（吉田常吉著）
○『井伊直弼』（母利美和著）
○『開国始末』（島田三郎著）
○『幕末政治家』（福地桜痴著）
○『桜田門外ノ変』（吉村昭著）

著者略歴　但《ただ》野《の》正《まさ》弘《ひろ》

昭和15年（1940）　茨城県水戸市に生まれる
昭和34年3月　茨城県立水戸第一高等学校 卒業
昭和38年3月　茨城大学 文理学部 文学科 史学専攻 卒業
昭和38年4月～浜松日体高等学校 教諭
昭和44年4月～平成13年3月末
　　茨城県立高校（岩瀬・水戸一・茨城東）教諭
平成13年4月～20年3月　植草幼児教育専門学校 非常勤講師
平成13年4月～21年3月　植草学園短期大学（福祉学科）教授
平成22年4月～リリー保育福祉専門学校 非常勤講師

＊　水戸史学会理事・事務局長
＊　幕末維新水戸有志を偲ぶ会 副会長

著書：『新版佐々介三郎宗淳』『藤田東湖の生涯』『水戸烈公と藤田東湖「弘道館記」の碑文』『助さん・佐々介三郎の旅人生』『史跡めぐり水戸八景碑』（以上、錦正社刊）
『桜田烈士蓮田一五郎』『若き日の水戸黄門』『黄門様の知恵袋』『梅ケ香の軌跡―水戸の心を尋ねて―』『水戸史学の各論的研究』
その他、共編・共著数編あり

著者住所：〒310-0852 茨城県水戸市笠原町９７９－４２

水戸の人物シリーズ８　桜田門外《さくらだもんがい》の変《へん》と蓮田一五郎《はすだいちごろう》

平成二十二年七月十五日　印刷
平成二十二年七月十八日　発行

※定価はカバーなどに表示してあります。

著者　但野正弘
企画　水戸史学会（会長 宮田正彦）
発行者　中藤政文
発行所　錦正社
〒一六二―〇〇四一
東京都新宿区早稲田鶴巻町五四四―六
電話　〇三（五二六一）二八九一
ＦＡＸ　〇三（五二六一）二八九二
ＵＲＬ　http://www.kinseisha.jp/
印刷所　㈱平河工業社
製本所　㈲小野寺三幸製本

ISBN978-4-7646-0285-4